全国普法学习读本

社会实用法律法规读本

劳动保障法律法规学习读本

劳务劳保法律法规

魏光朴 主编

汕頭大學出版社

图书在版编目（CIP）数据

劳务劳保法律法规／魏光朴主编．－－汕头：汕头大学出版社（2021.7重印）

（劳动保障法律法规学习读本）

ISBN 978-7-5658-3211-6

Ⅰ．①劳… Ⅱ．①魏… Ⅲ．①劳动法-中国-学习参考资料 Ⅳ．①D922.504

中国版本图书馆 CIP 数据核字（2017）第 254808 号

劳务劳保法律法规　　　　LAOWU LAOBAO FALÜ FAGUI

主　　编：	魏光朴
责任编辑：	邹　峰
责任技编：	黄东生
封面设计：	大华文苑
出版发行：	汕头大学出版社
	广东省汕头市大学路 243 号汕头大学校园内　邮政编码：515063
电　　话：	0754-82904613
印　　刷：	三河市南阳印刷有限公司
开　　本：	690mm×960mm 1/16
印　　张：	18
字　　数：	226 千字
版　　次：	2017 年 10 月第 1 版
印　　次：	2021 年 7 月第 2 次印刷
定　　价：	59.60 元（全 2 册）

ISBN 978-7-5658-3211-6

版权所有，翻版必究

如发现印装质量问题，请与承印厂联系退换

前　言

习近平总书记指出："推进全民守法，必须着力增强全民法治观念。要坚持把全民普法和守法作为依法治国的长期基础性工作，采取有力措施加强法制宣传教育。要坚持法治教育从娃娃抓起，把法治教育纳入国民教育体系和精神文明创建内容，由易到难、循序渐进不断增强青少年的规则意识。要健全公民和组织守法信用记录，完善守法诚信褒奖机制和违法失信行为惩戒机制，形成守法光荣、违法可耻的社会氛围，使遵法守法成为全体人民共同追求和自觉行动。"

中共中央、国务院曾经转发了中央宣传部、司法部关于在公民中开展法治宣传教育的规划，并发出通知，要求各地区各部门结合实际认真贯彻执行。通知指出，全民普法和守法是依法治国的长期基础性工作。深入开展法治宣传教育，是全面建成小康社会和新农村的重要保障。

普法规划指出：各地区各部门要根据实际需要，从不同群体的特点出发，因地制宜开展有特色的法治宣传教育坚持集中法治宣传教育与经常性法治宣传教育相结合，深化法律进机关、进乡村、进社区、进学校、进企业、进单位的"法律六进"主题活动，完善工作标准，建立长效机制。

特别是农业、农村和农民问题，始终是关系党和人民事业发展的全局性和根本性问题。党中央、国务院发布的《关于推进社会主义新农村建设的若干意见》中明确提出要"加强农村法制建设，深入开展农村普法教育，增强农民的法制观念，提高农民依法行使权利和履行义务的自觉性。"多年普法实践证明，普及法律知识，提高法制观念，增强全社会依法办事意识具有重要作用。特别是在广大农村进行普法教育，是提高全民法律素质的需要。

多年来，我国在农村实行的改革开放取得了极大成功，农村发生了翻天覆地的变化，广大农民生活水平大大得到了提高。但是，由于历史和社会等原因，现阶段我国一些地区农民文化素质还不高，不学法、不懂法、不守法现象虽然较原来有所改变，但仍有相当一部分群众的法制观念仍很淡化，不懂、不愿借助法律来保护自身权益，这就极易受到不法的侵害，或极易进行违法犯罪活动，严重阻碍了全面建成小康社会和新农村步伐。

为此，根据党和政府的指示精神以及普法规划，特别是根据广大农村农民的现状，在有关部门和专家的指导下，特别编辑了这套《全国普法学习读本》。主要包括了广大人民群众应知应懂、实际实用的法律法规。为了辅导学习，附录还收入了相应法律法规的条例准则、实施细则、解读解答、案例分析等；同时为了突出法律法规的实际实用特点，兼顾地方性和特殊性，附录还收入了部分某些地方性法律法规以及非法律法规的政策文件、管理制度、应用表格等内容，拓展了本书的知识范围，使法律法规更"接地气"，便于读者学习掌握和实际应用。

在众多法律法规中，我们通过甄别，淘汰了废止的，精选了最新的、权威的和全面的。但有部分法律法规有些条款不适应当下情况了，却没有颁布新的，我们又不能擅自改动，只得保留原有条款，但附录却有相应的补充修改意见或通知等。众多法律法规根据不同内容和受众特点，经过归类组合，优化配套。整套普法读本非常全面系统，具有很强的学习性、实用性和指导性，非常适合用于广大农村和城乡普法学习教育与实践指导。总之，是全国全民普法的良好读本。

目 录

农民承担费用和劳务管理条例

第一章　总　则 ·· (1)
第二章　村提留、乡统筹费、劳务的标准和使用范围 ······· (2)
第三章　村提留、乡统筹费、劳务的提取和管理 ·········· (3)
第四章　其他项目的监督管理 ·························· (4)
第五章　奖励与处罚 ·································· (6)
第六章　附　则 ······································ (7)
附　录
　　工资支付暂行规定 ······························· (8)
　　对《工资支付暂行规定》有关问题的补充规定 ······· (12)
　　建设领域农民工工资支付管理暂行办法 ············· (15)
　　国务院关于解决农民工问题的若干意见 ············· (18)
　　国务院办公厅关于做好农民进城务工就业管理和
　　　服务工作的通知 ······························ (31)
　　建设部关于贯彻《国务院办公厅关于做好农民进城务工
　　　就业管理和服务工作的通知》的通知 ············· (36)
　　防范和处置境外劳务事件的规定 ··················· (41)

劳务派遣暂行规定

第一章　总　则 ······································ (45)
第二章　用工范围和用工比例 ·························· (46)

第三章　劳动合同、劳务派遣协议的订立和履行……………(46)
第四章　劳动合同的解除和终止………………………………(48)
第五章　跨地区劳务派遣的社会保险…………………………(49)
第六章　法律责任………………………………………………(50)
第七章　附　则…………………………………………………(50)
附　录
　　劳务派遣行政许可实施办法………………………………(52)
　　财政部 国家税务总局关于进一步明确全面推开营改增试点
　　有关劳务派遣服务、收费公路通行费抵扣等政策的通知…(60)

对外劳务合作管理条例

第一章　总　则…………………………………………………(63)
第二章　从事对外劳务合作的企业与劳务人员………………(64)
第三章　与对外劳务合作有关的合同…………………………(67)
第四章　政府的服务和管理……………………………………(70)
第五章　法律责任………………………………………………(71)
第六章　附　则…………………………………………………(74)
附　录
　　对外劳务合作风险处置备用金管理办法（试行）…………(75)

劳动保护有关政策法规

关于加强乡镇企业劳动保护工作的规定………………………(80)
劳动保护科学技术进步奖励办法………………………………(83)
职业病分类和目录………………………………………………(90)
用人单位职业病危害防治八条规定……………………………(95)
附　录
　　邮电女职工劳动保护规定实施细则………………………(97)

公路养护职工劳动保护用品标准 …………………… （101）
工会劳动保护工作责任制（试行） ………………… （104）
化学工业职业病防治工作管理办法 ………………… （107）

中华人民共和国劳动保障监察条例

第一章　总　则 ……………………………………… （112）
第二章　劳动保障监察职责 ………………………… （113）
第三章　劳动保障监察的实施 ……………………… （114）
第四章　法律责任 …………………………………… （117）
第五章　附　则 ……………………………………… （119）
附　录
关于实施《劳动保障监察条例》若干规定 ………… （121）
违反《劳动法》有关劳动合同规定的赔偿办法 …… （130）
关于加强建设等行业农民工劳动合同管理的通知 … （133）

农民承担费用和劳务管理条例

国务院令〔1991〕92号

(1991年12月7日国务院发布)

第一章 总 则

第一条 为了减轻农民负担,保护农民的合法权益,调动农民的生产积极性,保进农村经济持续稳定协调发展,制定本条例。

第二条 本条例所称农民承担的费用和劳务,是指农民除缴纳税金、完成国家农产品定购任务外,依照法律、法规所承担的村(包括村民小组,下同)提留、乡(包括镇,下同)统筹费、劳务(农村义务工和劳动积累工)以及其他费用。

向国家缴纳税金、完成国家农产品定购任务、承担前款规定的各项费用和劳务,是农民应尽的义务。除此以外要求农民无偿提供任何财力、物力和劳务的,均为非法行为,农民有权拒绝。

第三条 国务院农业行政主管部门主管全国农民承担费用和劳务(以下简称农民负担)的监督管理工作。县级以上地方人民政府农业行政主管部门主管本行政区域内的农民负担监督管理工作。

乡人民政府主管本乡的农民负担监督管理工作,日常工作由乡农村经济经营管理部门负责。

第四条 各级农民负担监督管理部门负责检查有关农民负担管理的法律、法规和政策的执行情况；会同有关主管部门审核涉及农民负担的文件；协助有关机关处理涉及农民负担的案件；培训农民负担监督管理工作人员。

第五条 国家鼓励和支持发展农村集体经济，提倡主要依靠集体经营增加的收入，兴办农村社会主义物质文明和精神文明建设事业。

第二章 村提留、乡统筹费、劳务的标准和使用范围

第六条 农民直接向集体经济组织缴纳的村提留和乡统筹费（不含乡村集体所有制企业缴纳的利润），以乡为单位，以国家统计局批准、农业部制定的农村经济收益分配统计报表和计算方法统计的数字为依据，不得超过上一年农民人均纯收入的5%。对经济发达的地区，经省、自治区、直辖市批准，可以适当提高提取比例。乡统筹费的最高限额由省、自治区、直辖市确定。

第七条 村提留包括公积金、公益金和管理费：

（一）公积金，用于农田水利基本建设、植树造林、购置生产性固定资产和兴办集体企业。

（二）公益金，用于五保户供养、特别困难户补助、合作医疗保健以及其他集体福利事业。

（三）管理费，用于村干部报酬和管理开支。

村干部报酬实行定额补助和误工补贴两种形式。具体定额补助人数、标准和误工补贴办法，由乡人民政府根据村规模、经济发展水平和实际工作需要制定，报县级人民政府农民负担监督管理部门备案。

第八条 乡统筹费用于安排乡村两级办学、计划生育、优抚、民兵训练、修建乡村道路等民办公助事业。

乡统筹费可以用于五保户供养。五保户供养从乡统筹费中列支的，不得在村提留中重复列支。

第九条　乡统筹费内的乡村两级办学经费（即农村教育事业费附加）用于本乡范围内乡村两级的民办教育事业。

乡村两级办学经费在乡统筹费内所占比例，由省、自治区、直辖市人民政府教育主管部门提出，经同级农民负担监督管理部门审核，报省、自治区、直辖市人民政府批准，并报国务院农业行政主管部门和教育主管部门备案。

第十条　农村义务工，主要用于植树造林、防汛、公路建勤、修缮校舍等。按标准工日计算，每个农民劳动力每年承担五至十个农村义务工。因抢险救灾，需要增加农村义务工的，由当地人民政府统筹安排。

第十一条　劳动积累工，主要用于农田水利基本建设和植树造林。按标准工日计算，每个农村劳动力每年承担10~20个劳动积累工。有条件的地方，经县级以上人民政府批准，可以适当增加。劳动积累工应当主要在农闲期间使用。

第三章　村提留、乡统筹费、劳务的提取和管理

第十二条　村提留和乡统筹费主要按农民从事的产业和经济收入承担。承包耕地的农民按其承包的耕地面积或者劳动力向其所属的集体经济组织缴纳村提留和乡统筹费。

经营个体工商业和私营企业的，应在税后按经营所在地规定的提取比例，缴纳村提留和乡统筹费，但不计算在本条例第六条规定的限额比例之内。

第十三条　对收入水平在本村平均线以下的革命军烈属、伤残军人、失去劳动能力的复员退伍军人和特别困难户，经村集体经济组织成员大会或者成员代表会讨论评定，适当减免村提留。

第十四条　乡人民政府评定的贫困村，经村集体经济组织提出申请，乡农民负担监督管理部门审核、乡人民政府同意，报乡人民代表大会审议通过，可以适当核减乡统筹费。

第十五条 农村义务工和劳动积累工以出劳为主,本人要求以资代劳的,须经村集体经济组织批准。

对因病或者伤残不能承担农村义务工、劳动积累工的,经村集体经济组织成员大会或者成员代表会议讨论通过,可以减免。

第十六条 村提留和乡统筹费,实行全年统算统收制度,由村集体经济组织和乡人民政府组织收取。

第十七条 村提留,由村集体经济组织每年年底作出当年决算方案并提出下一年度预算方案,经村集体经济组织成员大会或者成员代表会议讨论通过,报乡人民政府备案。讨论通过的预、决算方案,应当张榜公布,接受群众监督。村民委员会应当对村提留的收取和使用实施监督。

第十八条 乡统筹费,由乡人民政府商乡集体经济组织每年年底做出当年决算方案并编制下一年度预算方案,经乡人民代表大会审议通过后,连同本乡范围内的村提留预算方案,一并报县级人民政府农民负担监督管理部门备案。讨论通过后的乡统筹费预、决算方案,应当张榜公布,接受群众监督。

第十九条 乡统筹费属于集体经济组织范围内全体农民所有,主要用于本乡民办公助事业,不得混淆和改变乡统筹费的集体资金性质和用途。

第二十条 对村提留和乡统筹费,应当实行严格的财务管理制度。集体经济组织应当对乡提留和乡统筹费的使用实行内部审计监督制度。

第二十一条 农村义务工和劳动积累工,由乡人民政府商村集体经济组织提出用工计划,经乡人民代表大会审议通过后执行,年终由村集体经济组织张榜公布用工情况,接受群众监督。

第四章 其他项目的监督管理

第二十二条 面向农民的行政事业性收费,其项目设置、标准的制定和调整，须经省、自治区、直辖市以上人民政府财政、物价主管部门会同农民负担监督管理部门批准，重要项目须经国务院或者省、自治区、直辖市人民政府批准。

第二十三条 向农民集资，必须在法律、法规和国务院有关政策允许的范围内进行，并遵循自愿、适度、出资者受益、资金定向使用的原则。集资项目的设置和范围的确定，须经省、自治区、直辖市以上人民政府计划主管部门会同财政主管部门、农民负担监督管理部门批准，重要项目须经国务院或者省、自治区、直辖市人民政府批准。

第二十四条 在农村建立各种基金，须经国务院财政主管部门会同农民负担监督管理部门和有关主管部门批准，重要项目须经国务院批准。

第二十五条 向农民发放牌照、证件和簿册，必须依照法律、法规的规定或者经省、自治区、直辖市以上人民政府批准。向农民发放牌照、证件和簿册，只准收取工本费。

第二十六条 向农民发行有价证券、报刊和书籍，应当遵循自愿原则，任何单位不得摊派。

第二十七条 组织农民参加保险，应当遵守法律、法规的规定。

第二十八条 严禁非法对农民罚款和没收财物。

第二十九条 国家机关工作人员在农村执行公务，所需经费不得向农民和集体经济组织摊派。

第三十条 企业、事业单位为农民和集体经济组织提供经济、技术、劳务、信息等服务，应当遵循自愿原则。收取服务费用，应当按照国家有关规定执行。

第三十一条 任何行政机关、事业单位在农村设置机构或者配备人员，所需经费不得向农民和集体经济组织摊派。

第三十二条 任何单位和个人都有权举报违反本条例的行为。农民负担监督管理部门和有关主管部门接到举报后，必须及时查处或者提请同级人民政府依法处理。

第五章　奖励与处罚

第三十三条 有下列事迹之一的单位和个人，可以由人民政府给予表彰或者奖励：

（一）严格执行本条例规定，切实减轻农民负担；

（二）在农民负担监督管理工作中，认真履行本条例规定职责，成绩显著的；

（三）检举、揭发向农民乱收费、乱集资、乱罚款和各种摊派行为，有突出贡献的。

第三十四条 违反本条例规定设置的收费、集资和基金项目，由农民负担监督管理部门或者有关部门报请同级人民政府予以撤销。

第三十五条 违反本条例规定向农民和集体经济组织收费、集资和进行各种摊派的，由农民负担监督管理部门或者有关部门报请同级人民政府责令如数退还非法收取的款物。

第三十六条 违反本条例和国务院有关规定增加的农村义务工和劳动积累工，经乡农民负担监督管理部门核实，由乡人民政府在下一年度用工计划中扣减，或者由用工单位按标准工日给予农民出工补贴。

第三十七条 对违反本条例规定的单位负责人和直接责任人员，由农民负担监督管理部门提请上述人员所在单位或者有关主管机关给予行政处分。

第三十八条 对检举、揭发、控告和抵制向农民乱收费、乱集资、乱罚款和进行各种摊派的单位和人员打击报复，属于违反《中华人民共和国行政监察条例》的，由行政监察机关依法处理，属于违反《中华人民共和国治安管理处罚条例》的，由公安机关依法处罚；构成犯罪的，由司法机关依法追究刑事责任。

第六章　附　则

第三十九条　各省、自治区、直辖市可以根据本条例，结合本地的实际情况，制定实施细则。

第四十条　本条例由国务院农业行政主管部门负责解释，并组织实施。

第四十一条　本条例自发布之日起施行。

附 录

工资支付暂行规定

劳动部关于印发《工资支付暂行规定》的通知
劳部发〔1994〕489号

各省、自治区、直辖市及计划单列市劳动（劳动人事）厅（局）、国务院有关部委、直属机构劳动人事司、解放军总后勤部劳动工资局，国家计划单列企业集团：

  为配合《劳动法》的贯彻实施，充分保障劳动者通过劳动获得劳动报酬的合法权益，规范用人单位的工资支付行为，特制定《工资支付暂行规定》现印发给你们，请结合实际情况贯彻执行。

一九九四年十二月六日

  第一条 为维护劳动者通过劳动获得劳动报酬的权利，规范用人单位的工资支付行为，根据《中华人民共和国劳动法》有关规定，制定本规定。
  第二条 本规定适用于在中华人民共和国境内的企业、个体经济组织（以下统称用人单位）和与之形成劳动关系的劳动者。
  国家机关、事业组织、社会团体和与之建立劳动合同关于的劳动者，依照本规定执行。
  第三条 本规定所称工资是指用人单位依据劳动合同的规定。
  第四条 工资支付主要包括；工资支付项目、工资支付水平、工资支付形式，工资支付对象、工资支付时间以及特殊情况下的工资支付。

第五条 工资应当以法定货币支付。不得以实物及有价证券替代货币支付。

第六条 用人单位应将工资支付给劳动者本人。劳动者本人因故不能领取工资时，可由其亲属或委托他人代理。

用人单位可委托银行代发工资。

用人单位必须书面记录支付劳动者工资的数额、时间、领取者的姓名以及签字，并保存两年以上备查。用人单位在支付工资时应向劳动者提供一份其个人的工资清单。

第七条 工资必须在用人单位与劳动者约定的日期支付。如遇节假日或休息日，则应提前在最近的工作日支付。工资至少每月支付一次，实行周、日、小时工资制的可按周、日、小时支付工资。

第八条 对完成一次性临时劳动或某项工作的劳动者，用人单位应按有关协议或合同规定在其完成劳动任务后即支付工资。

第九条 劳动关系双方依法解除或终止劳动合同时，用人单位应在解除或终止劳动合同时一次付清劳动者工资。

第十条 劳动者在法定工作时间内依法参加社会活动期间，用人单位应视同其提供了正常劳动而支付工资，社会活动包括：依法行使选举权或被选举权；当选代表出席乡（镇）、区以上政府、党派、工会、青年团、妇女联合会等组织召开的会议；

任人民法院证明人；出席劳动模范、先进工作者大会；《工会法》规定的不脱产工会基层委员会委员因工会活动占用的生产或工作时间；其它依法参加的社会活动。

第十一条 劳动者依法享受年休假、探亲假、婚假、丧假期间，用人单位应按劳动合同规定的标准支付劳动者工资。

第十二条 非因劳动者原因造成单位停工、停产在一个工资支付周期内的，用人单位应按劳动合同规定的标准支付劳动者工资。超过一个工资支付周期的，若劳动者提供了正常劳动，则支付给劳动者的劳动报酬不得低于当地的最低工资标准；若劳动者没有提供正常劳动，应按国家有关规定办理。

第十三条 用人单位在劳动者劳动定额或规定的工作任务后，根据实际需要安排劳动者在法定标准工作时间以外工作的，应按以下标准支付工资：

（一）用人单位依法安排劳动者在日法定标准工作时间以外延长工作时间的，按照不低于劳动合同规定的劳动者本人小时工资标准的150%支付劳动者工资；

（二）用人单位依法安排劳动者在休息日工作，而又不能安排补休的，按照不低于劳动合同规定的劳动者本人日或小时工资标准的200%支付劳动者工资；

（三）用人单位依法安排劳动者在法定休假日工作的，按照不低于劳动合同的劳动者本人日或小时工资标准的300%支付劳动者工资。实行计件工资的劳动者，在完成计件定额任务后，由用人单位安排延长工作时间的，应根据上述规定的原则，分别按照不低于其本人法定工作时间计件单价的150%、200%、300%支付其工资。经劳动行政部门批准实行综合计算工时工作制的，其综合计算工作时间超过法定标准工作时间的部分，应视为延长工作时间，并应按本规定支付劳动者延长工作时间的工资。实行不定时工时制度的劳动者，不执行上述规定。

第十四条 用人单位依法破产时，劳动者有权获得其工资，在破产清偿中用人单位应按《中华人民共和国企业破产法》规定的清偿顺序，首先支付欠付本单位劳动者的工资。

第十五条 用人单位不得克扣劳动者工资。有下列情况之一的，用人单位可以代扣劳动者工资：

（1）用人单位代扣代缴的个人所得税；

（2）用人单位代扣代缴的应由劳动者个人负担的各项社会保险费用；

（3）法院判决、裁定中要求代扣的抚养费、赡养费；

（4）法律、法规规定可以从劳动者工资中扣除的其他费用。

第十六条 因劳动者本人原因给用人单位造成经济损失的，用人单位可按照劳动合同的约定要求其赔偿经济损失。经济损失的赔偿，可从劳动者本人的工资中扣除。但每月扣除的部分不得超过劳动者当月工资的20%。若扣除后的剩余工资部分低于当地月最低工资标准，则按最低工资标准支付。

第十七条 用人单位应根据本规定，通过与职工大会、职工代表大会或者其他形式协商制定内部的工资支付制度，并告知本单位全体劳动者，同时抄报当地劳动行政部门备案。

第十八条 各级劳动行政部门有权监察用人单位工资支付的情况。用人单位有下列侵害劳动者合法权益行为的，由劳动行政部门责令其支付劳动者工资和经济补偿，并可责令其支付赔偿金：

（一）克扣或者无故拖欠劳动者工资；

（二）拒不支付劳动者延长工作时间工资的；

（三）低于当地最低工资标准支付劳动者工资的。经济补偿和赔偿金的标准，按国家有关规定执行。

第十九条 劳动者与用人单位因工资支付发生劳动争议的，当事人可依法向劳动争议仲裁机关申请仲裁。对仲裁裁决不服的，可以向人民法院提起诉讼。

第二十条 本规定自一九九五年一月一日起执行。

对《工资支付暂行规定》
有关问题的补充规定

劳动部关于印发
《对〈工资支付暂行规定〉有关问题的
补充规定》的通知

各省、自治区、直辖市及计划单列市劳动（劳动人事）厅（局），国务院有关部委、直属机构劳动人事司，解放军总后勤部劳动工资局，国家计划单列企业集团：

　　劳动部"关于印发《工资支付暂行规定》的通知"（劳部发〔1994〕489号）发布后，各地区、各部门在贯彻执行中遇到一些具体问题。为此，经研究，我们制定了《对〈工资支付暂行规定〉有关问题的补充规定》，现印发你们，请结合实际情况贯彻执行。

中华人民共和国劳动部
1995年5月12日

　　根据《工资支付暂行规定》（劳部发〔1994〕489号，以下简称《规定》）确定的原则，现就有关问题作出如下补充规定：

　　一、《规定》第十一条、第十二条、第十三条所称"按劳动合同规定的标准"，系指劳动合同规定的劳动者本人所在的岗位（职位）相对应的工资标准。

　　因劳动合同制度尚处于推进的过程中，按上述条款规定执行确有困难的，地方或行业劳动行政部门可在不违反《规定》所确定的总的原则基础上，制定过渡措施。

　　二、关于加班加点的工资支付问题

　　1.《规定》第十三条第（一）、（二）、（三）款规定的在符合法定标准工作时间的制度工时以外延长工作时间及安排休息日和法定休假节日工作应支付的工资,是根据加班加点的多少,以劳动合同确定的正常工作时间工资标准的一定倍数所支付的劳动报酬,即凡是安排劳动者在法定工作日延长工作时间或安排在休息日工作而又不能补休的,均应支付给劳动者不低于劳动合同规定的劳动者本人小时或日工资标准150%、200%的工资;安排在法定休假日工作的,应另外支付给劳动者不低于劳动合同规定的劳动者本人小时或日工资标准300%的工资。

2. 关于劳动者日工资折算。由于劳动定额等劳动标准都与制度工时相联系,因此,劳动者日工资可统一按劳动者本人的月工资标准除以每月制度工作天数进行折算。

根据国家关于职工每日工作8小时,每周工作时间为40小时的规定,每月制度工时天数为21.5天,考虑到国家允许施行每周40小时工作制度有困难的企业最迟可以延期到1997年5月1日施行,因此,在过渡期内,实行每周44小时工时制度的企业,其日工资折算可仍按每月制度工作天数23.5天执行。

三、《规定》第十五条中所称"克扣"系指用人单位无正当理由扣减劳动者应得工资(即在劳动者已提供正常劳动的前提下用人单位按劳动合同规定的标准应当支付给劳动者的全部劳动报酬)。不包括以下减发工资的情况:(1)国家的法律、法规中有明确规定的;(2)依法签订的劳动合同中有明确规定的;(3)用人单位依法制定并经职代会批准的厂规、厂纪中有明确规定的;(4)企业工资总额与经济效益相联系,经济效益下浮时,工资必须下浮的(但支付给劳动者工资不得低于当地的最低工资标准);(5)因劳动者请事假等相应减发工资等。

四、《规定》第十八条所称"无故拖欠"系指用人单位无正当理由超过规定付薪时间未支付劳动者工资。不包括:(1)用人单位遇到非人力所能抗拒的自然灾害、战争等原因,无法按时支付工资;(2)用人单位确因生产经营困难、资金周转受到影响,在征得本单位工会同意后,可暂时延期支付劳动者工资,延期时间的最长限制可由各省、自治区、直辖市劳动行政部门根据各地情况确定。其他情况下拖欠工资均属无故拖欠。

五、关于特殊人员的工资支付问题

1. 劳动者受处分后的工资支付：（1）劳动者受行政处分后仍在原单位工作（如留用察看、降级等）或受刑事处分后重新就业的，应主要由用人单位根据具体情况自主确定其工资报酬；（2）劳动者受刑事处分期间，如收容审查、拘留（羁押）、缓刑、监外执行或劳动教养期间，其待遇按国家有关规定执行。

2. 学徒工、熟练工、大中专毕业生在学徒期、熟练期、见习期、试用期及转正定级后的工资待遇由用人单位自主确定。

3. 新就业复员军人的工资待遇由用人单位自主确定；分配到企业军队转业干部的工资待遇，按国家有关规定执行。

建设领域农民工工资支付管理暂行办法

关于印发《建设领域农民工工资支付管理暂行办法》的通知劳社部发〔2004〕22号

各省、自治区、直辖市劳动和社会保障厅（局）、建设厅（建委）：

为维护建设领域农民工合法报酬权益，规范建筑业企业工资支付行为，现将《建设领域农民工工资支付管理暂行办法》印发给你们，请结合实际情况制定实施办法，认真贯彻执行。

各级劳动和社会保障行政部门应会同建设行政主管部门积极探索建立解决建筑业企业拖欠或克扣农民工工资问题的长效机制，大力推进农民工工资支付监控制度及信用制度建设，在有条件的地区探索建立工资支付保障制度。要加强同各级工会组织、企业联合会/企业家协会（企业组织）的协调和沟通，指导、推动企业建立集体协商制度，充分发挥劳动关系三方协商机制在解决拖欠或克扣农民工工资问题中的作用。

中华人民共和国劳动和社会保障部
中华人民共和国建设部
二〇〇四年九月六日

为规范建设领域农民工工资支付行为，预防和解决建筑业企业拖欠或克扣农民工工资问题，根据《中华人民共和国劳动法》、《工资支付暂行规定》等有关规定，制定本办法。

一、本办法适用于在中华人民共和国境内的建筑业企业（以下简称企业）和与之形成劳动关系的农民工。

本办法所指建筑业企业，是指从事土木工程、建筑工程、线路管道设备安装工程、装修工程的新建、扩建、改建活动的企业。

二、县级以上劳动和社会保障行政部门负责企业工资支付的监督管理，建设行政主管部门协助劳动和社会保障行政部门对企业执行本办法的情况进行监督检查。

三、企业必须严格按照《劳动法》、《工资支付暂行规定》和《最低工资规定》等有关规定支付农民工工资，不得拖欠或克扣。

四、企业应依法通过集体协商或其他民主协商形式制定内部工资支付办法，并告知本企业全体农民工，同时抄报当地劳动和社会保障行政部门与建设行政主管部门。

五、企业内部工资支付办法应包括以下内容：支付项目、支付标准、支付方式、支付周期和日期、加班工资计算基数、特殊情况下的工资支付以及其他工资支付内容。

六、企业应当根据劳动合同约定的农民工工资标准等内容，按照依法签订的集体合同或劳动合同约定的日期按月支付工资，并不得低于当地最低工资标准。具体支付方式可由企业结合建筑行业特点在内部工资支付办法中规定。

七、企业应将工资直接发放给农民工本人，严禁发放给"包工头"或其他不具备用工主体资格的组织和个人。

企业可委托银行发放农民工工资。

八、企业支付农民工工资应编制工资支付表，如实记录支付单位、支付时间、支付对象、支付数额等工资支付情况，并保存两年以上备查。

九、工程总承包企业应对劳务分包企业工资支付进行监督，督促其依法支付农民工工资。

十、业主或工程总承包企业未按合同约定与建设工程承包企业结清工程款，致使建设工程承包企业拖欠农民工工资的，由业主或工程总承包企业先行垫付农民工被拖欠的工资，先行垫付的工资数额以未结清的工程款为限。

十一、企业因被拖欠工程款导致拖欠农民工工资的，企业追回的被拖欠工程款，应优先用于支付拖欠的农民工工资。

十二、工程总承包企业不得将工程违反规定发包、分包给不具备用工主体资格的组织或个人，否则应承担清偿拖欠工资连带责任。

十三、企业应定期如实向当地劳动和社会保障行政部门及建设行政主管部门报送本单位工资支付情况。

十四、企业违反国家工资支付规定拖欠或克扣农民工工资的，记入信用档案，并通报有关部门。

建设行政主管部门可依法对其市场准入、招投标资格和新开工项目施工许可等进行限制，并予以相应处罚。

十五、企业应按有关规定缴纳工资保障金，存入当地政府指定的专户，用于垫付拖欠的农民工工资。

十六、农民工发现企业有下列情形之一的，有权向劳动和社会保障行政部门举报：

（一）未按照约定支付工资的；

（二）支付工资低于当地最低工资标准的；

（三）拖欠或克扣工资的；

（四）不支付加班工资的；

（五）侵害工资报酬权益的其他行为。

十七、各级劳动和社会保障行政部门依法对企业支付农民工工资情况进行监察，对违法行为进行处理。企业在接受监察时应当如实报告情况，提供必要的资料和证明。

十八、农民工与企业因工资支付发生争议的，按照国家劳动争议处理有关规定处理。

对事实清楚、不及时裁决会导致农民工生活困难的工资争议案件，以及涉及农民工工伤、患病期间工资待遇的争议案件，劳动争议仲裁委员会可部分裁决；企业不执行部分裁决的，当事人可依法向人民法院申请强制执行。

十九、本办法自发布之日起施行。

国务院关于解决农民工问题的若干意见

国发〔2006〕5号

各省、自治区、直辖市人民政府，国务院各部委、各直属机构：

农民工是我国改革开放和工业化、城镇化进程中涌现的一支新型劳动大军。他们户籍仍在农村，主要从事非农产业，有的在农闲季节外出务工、亦工亦农，流动性强，有的长期在城市就业，已成为产业工人的重要组成部分。大量农民进城务工或在乡镇企业就业，对我国现代化建设作出了重大贡献。为统筹城乡发展，保障农民工合法权益，改善农民工就业环境，引导农村富余劳动力合理有序转移，推动全面建设小康社会进程，提出如下意见：

一、充分认识解决好农民工问题的重大意义

（一）农民工问题事关我国经济和社会发展全局

农民工分布在国民经济各个行业，在加工制造业、建筑业、采掘业及环卫、家政、餐饮等服务业中已占从业人员半数以上，是推动我国经济社会发展的重要力量。农民外出务工，为城市创造了财富，为农村增加了收入，为城乡发展注入了活力，成为工业带动农业、城市带动农村、发达地区带动落后地区的有效形式，同时促进了市场导向、自主择业、竞争就业机制的形成，为改变城乡二元结构、解决"三农"问题闯出了一条新路。返乡创业的农民工，带回资金、技术和市场经济观念，直接促进社会主义新农村建设。进一步做好农民工工作，对于改革发展稳定的全局和顺利推进工业化、城镇化、现代化都具有重大意义。

（二）维护农民工权益是需要解决的突出问题

近年来，党中央、国务院高度重视农民工问题，制定了一系列保障农民工权益和改善农民工就业环境的政策措施，各地区、各部门做了大量工作，取得了明显成效。但农民工面临的问题仍然十分突出。主要是：工资偏低，被拖欠现象严重；劳动时间长，安全条件差；缺乏社会保障，职业病和工伤事故多；培训就业、子女上学、生活居住等方面也存在诸多困难，经济、政治、文化权益得不到有效保障。这些问题引发了不少社会矛盾和纠纷。解决好这些问题，直接关系到维护社会公平正义，保持社会和谐稳定。

（三）解决农民工问题是建设中国特色社会主义的战略任务

农业劳动力向非农产业和城镇转移，是世界各国工业化、城镇化的普遍趋势，也是农业现代化的必然要求。我国农村劳动力数量众多，在工业化、城镇化加快发展的阶段，越来越多的富余劳动力将逐渐转移出来，大量农民工在城乡之间流动就业的现象在我国将长期存在。必须从我国国情出发，顺应工业化、城镇化的客观规律，引导农村富余劳动力向非农产业和城镇有序转移。我们要站在建设中国特色社会主义事业全局和战略的高度，充分认识解决好农民工问题的重要性、紧迫性和长期性。

二、做好农民工工作的指导思想和基本原则

（四）指导思想

以邓小平理论和"三个代表"重要思想为指导，按照落实科学发展观和构建社会主义和谐社会的要求，坚持解放思想，实事求是，与时俱进；坚持从我国国情出发，统筹城乡发展；坚持以人为本，认真解决涉及农民工利益的问题。着力完善政策和管理，推进体制改革和制度创新，逐步建立城乡统一的劳动力市场和公平竞争的就业制度，建立保障农民工合法权益的政策体系和执法监督机制，建立惠及农民工的城乡公共服务体制和制度，拓宽农村劳动力转移就业渠道，保护和调动农民工的积极性，促进城乡经济繁荣和社会全面进步，推动社会主义新农村建设和中国特色的工业化、城镇化、现代化健康发展。

（五）基本原则

1. 公平对待，一视同仁。尊重和维护农民工的合法权益，消除对农民进城务工的歧视性规定和体制性障碍，使他们和城市职工享有同等的权利和义务。

2. 强化服务，完善管理。转变政府职能，加强和改善对农民工的公共服务和社会管理,发挥企业、社区和中介组织作用,为农民工生活与劳动创造良好环境和有利条件。

3. 统筹规划,合理引导。实行农村劳动力异地转移与就地转移相结合。既要积极引导农民进城务工,又要大力发展乡镇企业和县域经济,扩大农村劳动力在当地转移就业。

4. 因地制宜,分类指导。输出地和输入地都要有针对性地解决农民工面临的各种问题。鼓励各地区从实际出发,探索保护农民工权益、促进农村富余劳动力有序流动的办法。

5. 立足当前,着眼长远。既要抓紧解决农民工面临的突出问题,又要依靠改革和发展,逐步解决深层次问题,形成从根本上保障农民工权益的体制和制度。

三、抓紧解决农民工工资偏低和拖欠问题

(六) 建立农民工工资支付保障制度

严格规范用人单位工资支付行为,确保农民工工资按时足额发放给本人,做到工资发放月清月结或按劳动合同约定执行。建立工资支付监控制度和工资保证金制度,从根本上解决拖欠、克扣农民工工资问题。劳动保障部门要重点监控农民工集中的用人单位工资发放情况。对发生过拖欠工资的用人单位,强制在开户银行按期预存工资保证金,实行专户管理。切实解决政府投资项目拖欠工程款问题。所有建设单位都要按照合同约定及时拨付工程款项,建设资金不落实的,有关部门不得发放施工许可证,不得批准开工报告。对重点监控的建筑施工企业实行工资保证金制度。加大对拖欠农民工工资用人单位的处罚力度,对恶意拖欠、情节严重的,可依法责令停业整顿、降低或取消资质,直至吊销营业执照,并对有关人员依法予以制裁。各地方、各单位都要继续加大工资清欠力度,并确保不发生新的拖欠。

(七) 合理确定和提高农民工工资水平

规范农民工工资管理,切实改变农民工工资偏低、同工不同酬的状况。各地要严格执行最低工资制度,合理确定并适时调整最低工资标准,制定和推行小时最低工资标准。制定相关岗位劳动定额的行业参考标准。用人单位不得以实行计件工资为由拒绝执行最低工资制度，不得利用提高劳动定额变相降低工资水平。严格执行国家关于职工休息休假的规定，延长工时和休息日、法定假日工作的，要依法支付加班工资。农民工和其他职工要实行同工同酬。国务院有关部门要加强对地方制定、调整和执行最低工资标准的指导监督。各地要科学确定工资指导线，建立企业工资集体协商制度，促进农民工工资合理增长。

四、依法规范农民工劳动管理

（八）严格执行劳动合同制度

所有用人单位招用农民工都必须依法订立并履行劳动合同，建立权责明确的劳动关系。严格执行国家关于劳动合同试用期的规定，不得滥用试用期侵犯农民工权益。劳动保障部门要制定和推行规范的劳动合同文本，加强对用人单位订立和履行劳动合同的指导和监督。任何单位都不得违反劳动合同约定损害农民工权益。

（九）依法保障农民工职业安全卫生权益

各地要严格执行国家职业安全和劳动保护规程及标准。企业必须按规定配备安全生产和职业病防护设施。强化用人单位职业安全卫生的主体责任，要向新招用的农民工告知劳动安全、职业危害事项，发放符合要求的劳动防护用品，对从事可能产生职业危害作业的人员定期进行健康检查。加强农民工职业安全、劳动保护教育，增强农民工自我保护能力。从事高危行业和特种作业的农民工要经专门培训、持证上岗。有关部门要切实履行职业安全和劳动保护监管职责。发生重大职业安全事故，除惩处直接责任人和企业负责人外，还要追究政府和有关部门领导的责任。

（十）切实保护女工和未成年工权益，严格禁止使用童工

用人单位要依法保护女工的特殊权益，不得以性别为由拒绝录用女工或提高女工录用标准，不得安排女工从事禁忌劳动范围工作，不得在女工孕期、产期、哺乳期降低其基本工资或单方面解除劳动合同。招用未成年工的用人单位，应当在工种、劳动时间、劳动强度和保护措施等方面严格执行国家有关规定。对介绍

和使用童工的违法行为要从严惩处。

五、搞好农民工就业服务和培训

(十一) 逐步实行城乡平等的就业制度

统筹城乡就业，改革城乡分割的就业管理体制，建立城乡统一、平等竞争的劳动力市场，逐步形成市场经济条件下促进农村富余劳动力转移就业的机制，为城乡劳动者提供平等的就业机会和服务。各地区、各部门要进一步清理和取消各种针对农民工进城就业的歧视性规定和不合理限制，清理对企业使用农民工的行政审批和行政收费，不得以解决城镇劳动力就业为由清退和排斥农民工。

(十二) 进一步做好农民转移就业服务工作

各级人民政府要把促进农村富余劳动力转移就业作为重要任务。要建立健全县乡公共就业服务网络，为农民转移就业提供服务。城市公共职业介绍机构要向农民工开放，免费提供政策咨询、就业信息、就业指导和职业介绍。输出地和输入地要加强协作，开展有组织的就业、创业培训和劳务输出。鼓励发展各类就业服务组织，加强就业服务市场监管。依法规范职业中介、劳务派遣和企业招用工行为。严厉打击以职业介绍或以招工为名坑害农民工的违法犯罪活动。

(十三) 加强农民工职业技能培训

各地要适应工业化、城镇化和农村劳动力转移就业的需要，大力开展农民工职业技能培训和引导性培训，提高农民转移就业能力和外出适应能力。扩大农村劳动力转移培训规模，提高培训质量。继续实施好农村劳动力转移培训阳光工程。完善农民工培训补贴办法，对参加培训的农民工给予适当培训费补贴。推广"培训券"等直接补贴的做法。充分利用广播电视和远程教育等现代手段，向农民传授外出就业基本知识。重视抓好贫困地区农村劳动力转移培训工作。支持用人单位建立稳定的劳务培训基地，发展订单式培训。输入地要把提高农民工岗位技能纳入当地职业培训计划。要研究制定鼓励农民工参加职业技能鉴定、获取国家职业资格证书的政策。

（十四）落实农民工培训责任

完善并认真落实全国农民工培训规划。劳动保障、农业、教育、科技、建设、财政、扶贫等部门要按照各自职能，切实做好农民工培训工作。强化用人单位对农民工的岗位培训责任，对不履行培训义务的用人单位，应按国家规定强制提取职工教育培训费，用于政府组织的培训。充分发挥各类教育、培训机构和工青妇组织的作用，多渠道、多层次、多形式开展农民工职业培训。建立由政府、用人单位和个人共同负担的农民工培训投入机制，中央和地方各级财政要加大支持力度。

（十五）大力发展面向农村的职业教育

农村初、高中毕业生是我国产业工人的后备军，要把提高他们的职业技能作为职业教育的重要任务。支持各类职业技术院校扩大农村招生规模，鼓励农村初、高中毕业生接受正规职业技术教育。通过设立助学金、发放助学贷款等方式，帮助家庭困难学生完成学业。加强县级职业教育中心建设。有条件的普通中学可开设职业教育课程。加强农村职业教育师资、教材和实训基地建设。

六、积极稳妥地解决农民工社会保障问题

（十六）高度重视农民工社会保障工作

根据农民工最紧迫的社会保障需求，坚持分类指导、稳步推进，优先解决工伤保险和大病医疗保障问题，逐步解决养老保障问题。农民工的社会保障，要适应流动性大的特点，保险关系和待遇能够转移接续，使农民工在流动就业中的社会保障权益不受损害；要兼顾农民工工资收入偏低的实际情况，实行低标准进入、渐进式过渡，调动用人单位和农民工参保的积极性。

（十七）依法将农民工纳入工伤保险范围

各地要认真贯彻落实《工伤保险条例》。所有用人单位必须及时为农民工办理参加工伤保险手续，并按时足额缴纳工伤保险费。在农民工发生工伤后，要做好工伤认定、劳动能力鉴定和工伤待遇支付工作。未参加工伤保险的农民工发生工伤，由用人单位按照工伤保险规定的标准支付费用。当前，要加快推进农民工较为集中、工伤风险程度较高的建筑行业、煤炭等采掘行业参加工伤保险。建筑施工企业同时应为从事特定高风险作业的职工办理意外伤害保险。

（十八）抓紧解决农民工大病医疗保障问题

各统筹地区要采取建立大病医疗保险统筹基金的办法，重点解决农民工进城务工期间的住院医疗保障问题。根据当地实际合理确定缴费率，主要由用人单位缴费。完善医疗保险结算办法，为患大病后自愿回原籍治疗的参保农民工提供医疗结算服务。有条件的地方，可直接将稳定就业的农民工纳入城镇职工基本医疗保险。农民工也可自愿参加原籍的新型农村合作医疗。

（十九）探索适合农民工特点的养老保险办法

抓紧研究低费率、广覆盖、可转移，并能够与现行的养老保险制度衔接的农民工养老保险办法。有条件的地方，可直接将稳定就业的农民工纳入城镇职工基本养老保险。已经参加城镇职工基本养老保险的农民工，用人单位要继续为其缴费。劳动保障部门要抓紧制定农民工养老保险关系异地转移与接续的办法。

七、切实为农民工提供相关公共服务

（二十）把农民工纳入城市公共服务体系

输入地政府要转变思想观念和管理方式，对农民工实行属地管理。要在编制城市发展规划、制定公共政策、建设公用设施等方面，统筹考虑长期在城市就业、生活和居住的农民工对公共服务的需要，提高城市综合承载能力。要增加公共财政支出，逐步健全覆盖农民工的城市公共服务体系。

（二十一）保障农民工子女平等接受义务教育

输入地政府要承担起农民工同住子女义务教育的责任，将农民工子女义务教育纳入当地教育发展规划，列入教育经费预算，以全日制公办中小学为主接收农民工子女入学，并按照实际在校人数拨付学校公用经费。城市公办学校对农民工子女接受义务教育要与当地学生在收费、管理等方面同等对待，不得违反国家规定向农民工子女加收借读费及其他任何费用。输入地政府对委托承担农民工子女义务教育的民办学校,要在办学经费、师资培训等方面给予支持和指导,提高办学质量。输出地政府要解决好农民工托留在农村子女的教育问题。

(二十二)加强农民工疾病预防控制和适龄儿童免疫工作

输入地要加强农民工疾病预防控制工作,强化对农民工健康教育和聚居地的疾病监测,落实国家关于特定传染病的免费治疗政策。要把农民工子女纳入当地免疫规划,采取有效措施提高国家免疫规划疫苗的接种率。

(二十三)进一步搞好农民工计划生育管理和服务

实行以输入地为主、输出地和输入地协调配合的管理服务体制。输入地政府要把农民工计划生育管理和服务经费纳入地方财政预算,提供国家规定的计划生育、生殖健康等免费服务项目和药具。用人单位要依法履行农民工计划生育相关管理服务责任。输出地要做好农民工计划生育宣传、教育和技术服务工作,免费发放《流动人口婚育证明》,及时向输入地提供农民工婚育信息。加强全国流动人口计划生育信息交换平台建设。

(二十四)多渠道改善农民工居住条件

有关部门要加强监管,保证农民工居住场所符合基本的卫生和安全条件。招用农民工数量较多的企业,在符合规划的前提下,可在依法取得的企业用地范围内建设农民工集体宿舍。农民工集中的开发区和工业园区,可建设统一管理、供企业租用的员工宿舍,集约利用土地。加强对城乡结合部农民工聚居地区的规划、建设和管理,提高公共基础设施保障能力。各地要把长期在城市就业与生活的农民工居住问题,纳入城市住宅建设发展规划。有条件的地方,城镇单位聘用农民工,用人单位和个人可缴存住房公积金,用于农民工购买或租赁自住住房。

八、健全维护农民工权益的保障机制

(二十五)保障农民工依法享有的民主政治权利

招用农民工的单位,职工代表大会要有农民工代表,保障农民工参与企业民主管理权利。农民工户籍所在地的村民委员会，在组织换届选举或决定涉及农民工权益的重大事务时，应及时通知农民工，并通过适当方式行使民主权利。有关部门和单位在评定技术职称、晋升职务、评选劳动模范和先进工作者等方面，要将农民工与城镇职工同等看待。依法保障农民工人身自由和人格尊严，严禁打骂、侮辱农民工的非法行为。

（二十六）深化户籍管理制度改革

逐步地、有条件地解决长期在城市就业和居住农民工的户籍问题。中小城市和小城镇要适当放宽农民工落户条件；大城市要积极稳妥地解决符合条件的农民工户籍问题，对农民工中的劳动模范、先进工作者和高级技工、技师以及其他有突出贡献者，应优先准予落户。具体落户条件，由各地根据城市规划和实际情况自行制定。改进农民工居住登记管理办法。

（二十七）保护农民工土地承包权益

土地不仅是农民的生产资料，也是他们的生活保障。要坚持农村基本经营制度，稳定和完善农村土地承包关系，保障农民工土地承包权益。不得以农民进城务工为由收回承包地，纠正违法收回农民工承包地的行为。农民外出务工期间，所承包土地无力耕种的，可委托代耕或通过转包、出租、转让等形式流转土地经营权，但不能撂荒。农民工土地承包经营权流转，要坚持依法、自愿、有偿的原则，任何组织和个人不得强制或限制，也不得截留、扣缴或以其他方式侵占土地流转收益。

（二十八）加大维护农民工权益的执法力度

强化劳动保障监察执法，加强劳动保障监察队伍建设，完善日常巡视检查制度和责任制度，依法严厉查处用人单位侵犯农民工权益的违法行为。健全农民工维权举报投诉制度，有关部门要认真受理农民工举报投诉并及时调查处理。加强和改进劳动争议调解、仲裁工作。对农民工申诉的劳动争议案件，要简化程序、加快审理，涉及劳动报酬、工伤待遇的要优先审理。起草、制定和完善维护农民工权益的法律法规。

(二十九)做好对农民工的法律服务和法律援助工作

要把农民工列为法律援助的重点对象。对农民工申请法律援助，要简化程序，快速办理。对申请支付劳动报酬和工伤赔偿法律援助的，不再审查其经济困难条件。有关行政机关和行业协会应引导法律服务机构和从业人员积极参与涉及农民工的诉讼活动、非诉讼协调及调解活动。鼓励和支持律师和相关法律从业人员接受农民工委托，并对经济确有困难而又达不到法律援助条件的农民工适当减少或免除律师费。政府要根据实际情况安排一定的法律援助资金，为农民工获得法律援助提供必要的经费支持。

(三十)强化工会维护农民工权益的作用

用人单位要依法保障农民工参加工会的权利。各级工会要以劳动合同、劳动工资、劳动条件和职业安全卫生为重点，督促用人单位履行法律法规规定的义务，维护农民工合法权益。充分发挥工会劳动保护监督检查的作用，完善群众性劳动保护监督检查制度，加强对安全生产的群众监督。同时，充分发挥共青团、妇联组织在农民工维权工作中的作用。

九、促进农村劳动力就地就近转移就业

(三十一)大力发展乡镇企业和县域经济，扩大当地转移就业容量

这是农民转移就业的重要途径。各地要依据国家产业政策，积极发展就业容量大的劳动密集型产业和服务业，发展农村二、三产业和特色经济，发展农业产业化经营和农产品加工业；落实发展乡镇企业和非公有制经济的政策措施，吸纳更多的农村富余劳动力在当地转移就业。有关部门要抓紧研究制定扶持县域经济发展的相关政策，增强县域经济活力。

(三十二)引导相关产业向中西部转移，增加农民在当地就业机会

积极引导东部相关产业向中西部转移，有利于促进农村劳动力就地就近转移就业，也有利于形成东中西良性互动、共同发展的格局。要在产业政策上鼓励大中城市、沿海发达地区的劳动密

集型产业和资源加工型企业向中西部地区转移。中西部地区要在有利于节约资源和保护环境的前提下，主动承接产业转移，为当地农村劳动力转移就业创造良好环境。

(三十三) 大力开展农村基础设施建设，促进农民就业和增收

按照建设社会主义新农村的要求，统筹规划城乡公共设施建设。各级人民政府要切实调整投资结构，把对基础设施建设投入的重点转向农村，改善农村生产生活条件，带动农村经济发展和繁荣。加快形成政府支持引导、社会资金参与、农民劳动积累相结合的农村建设投入机制。农村基础设施建设要重视利用当地原材料和劳动力，注重建设能够增加农民就业机会和促进农民直接增收的中小型项目。

(三十四) 积极稳妥地发展小城镇，提高产业集聚和人口吸纳能力

按照循序渐进、节约用地、集约发展、合理布局的原则，搞好小城镇规划和建设。加大对小城镇建设的支持力度，完善公共设施。继续实施小城镇经济综合开发示范项目。发展小城镇经济，引导乡镇企业向小城镇集中。采取优惠政策，鼓励、吸引外出务工农民回到小城镇创业和居住。

十、加强和改进对农民工工作的领导

(三十五) 切实把解决农民工问题摆在重要位置

解决好涉及农民工利益的问题，是各级人民政府的重要职责。各级人民政府要切实把妥善解决农民工问题作为一项重要任务，把统筹城乡就业和促进农村劳动力转移纳入国民经济和社会发展中长期规划和年度计划。做好农民工工作的主要责任在地方，各地都要制定明确的工作目标、任务和措施，并认真落实。地方各级人民政府要建立农民工管理和服务工作的经费保障机制，将涉及农民工的劳动就业、计划生育、子女教育、治安管理等有关经费，纳入正常的财政预算支出范围。

(三十六) 完善农民工工作协调机制

国务院建立农民工工作联席会议制度，统筹协调和指导全国

农民工工作。联席会议由国务院有关部门和工会、共青团、妇联等有关群众团体组成，联席会议办公室设在劳动保障部。各有关部门要各司其职、分工负责，检查督促对农民工的各项政策的落实。地方人民政府也应建立相应的协调机制，切实加强对农民工工作的组织领导。输出地和输入地的基层组织要加强协调沟通，共同做好农民工的教育、引导和管理工作。

（三十七）引导农民工全面提高自身素质

农民工是我国产业大军中的一支重要力量。农民工的政治思想、科学文化和生产技能水平，直接关系到我国产业素质、竞争力和现代化水平，必须把全面提高农民工素质放在重要地位。要引导和组织农民工自觉接受就业和创业培训，接受职业技术教育，提高科学技术文化水平，提高就业、创业能力。要在农民工中开展普法宣传教育，引导他们增强法制观念，知法守法，学会利用法律、通过合法渠道维护自身权益。开展职业道德和社会公德教育，引导他们爱岗敬业、诚实守信，遵守职业行为准则和社会公共道德。开展精神文明创建活动，引导农民工遵守交通规则、爱护公共环境、讲究文明礼貌，培养科学文明健康的生活方式。进城就业的农民工要努力适应城市工作、生活的新要求，遵守城市公共秩序和管理规定，履行应尽义务。

（三十八）发挥社区管理服务的重要作用

要建设开放型、多功能的城市社区，构建以社区为依托的农民工服务和管理平台。鼓励农民工参与社区自治，增强作为社区成员的意识，提高自我管理、自我教育和自我服务能力。发挥社区的社会融合功能，促进农民工融入城市生活，与城市居民和谐相处。完善社区公共服务和文化设施，城市公共文化设施要向农民工开放，有条件的企业要设立农民工活动场所，开展多种形式的业余文化活动，丰富农民工的精神生活。

（三十九）加强和改进农民工统计管理工作

充分利用和整合统计、公安、人口计生等部门的资源，推进农民工信息网络建设，实现信息共享，为加强农民工管理和服务提供准确、及时的信息。输入地和输出地要搞好农民工统计信息交流和工作衔接。

（四十）在全社会形成关心农民工的良好氛围

社会各方面都要树立理解、尊重、保护农民工的意识，开展多种形式的关心帮助农民工的公益活动。新闻单位要大力宣传党和国家关于农民工的方针政策，宣传农民工在改革开放和现代化建设中的突出贡献和先进典型，加强对保障农民工权益情况的舆论监督。对优秀农民工要给予表彰奖励。总结、推广各地和用人单位关心、善待农民工的好做法、好经验，提高对农民工的服务和管理水平。

各地区、各部门要认真贯彻国家关于解决农民工问题的各项法律法规和政策规定，按照本文件的要求，结合实际抓紧制定和完善配套措施及具体办法，积极研究解决工作中遇到的新问题，确保涉及农民工的各项政策措施落到实处。

国务院

二〇〇六年一月三十一日

国务院办公厅关于做好农民进城务工就业管理和服务工作的通知

国办发〔2003〕1号

各省、自治区、直辖市人民政府，国务院各部委、各直属机构：

党中央、国务院高度重视农民进城务工就业问题，各地区、各有关部门也为促进农民工的合理流动，采取了多种措施，做了大量工作。但是当前在一些地方，农民进城务工就业仍然受到一些不合理限制，农民工的合法权益得不到有效保护，拖欠克扣工资、乱收费等现象严重。同时，农民进城务工就业使社会治安、城市管理等工作面临新的问题。为加强对农民进城务工就业的管理和服务，经国务院同意，现就有关问题通知如下：

一、进一步提高对做好农民进城务工就业管理和服务工作的认识

农村富余劳动力向非农产业和城镇转移，是工业化和现代化的必然趋势。农民进城务工就业，促进了农民收入的增加，促进了农业和农村经济结构的调整，促进了城镇化的发展，促进了城市经济和社会的繁荣。做好农民进城务工就业管理和服务工作，不仅有利于促进国民经济持续快速健康发展，而且有利于维护城乡社会稳定。

各地区、各有关部门要认真学习和领会党的十六大精神，全面贯彻"三个代表"重要思想，充分认识做好农民进城务工就业工作的重要意义，把农民进城务工就业工作列入重要工作日程，在国民经济和社会发展计划中强化政策引导，切实加强领导，按照公平对待、合理引导、完善管理、搞好服务的原则，采取有效措施，全面做好农民进城务工就业管理和服务的各项工作。

二、取消对农民进城务工就业的不合理限制

各地区、各有关部门要取消对企业使用农民工的行政审批，取消对农民进城务工就业的职业工种限制，不得干涉企业自主合法使用农民工。要严格审核、清理农民进城务工就业的手续，取消专为农民工设置的登记项目，逐步实行暂住证一证管理。各行业和工种尤其是特殊行业和工种要求的技术资格、健康等条件，对农民工和城镇居民应一视同仁。

在办理农民进城务工就业和企业用工的手续时，除按照国务院有关规定收取的证书工本费外，不得收取其他费用。严禁越权对农民工设立行政事业性收费项目，提高收费标准。各级物价、财政部门要严格检查、督促落实，防止变换手法继续向农民工乱收费。

要严格执行《城市流浪乞讨人员收容遣送办法》的规定，不得将遣送对象范围扩大到农民工，更不得对农民工强制遣送和随意拘留审查。

三、切实解决拖欠和克扣农民工工资问题

用人单位必须依法与农民工签订劳动合同。劳动合同中要明确规定劳动合同期限、工作内容、劳动保护及劳动条件、劳动报酬和违反劳动合同的责任等内容。其中有关劳动报酬的条款，应明确工资支付标准、支付项目、支付形式以及支付时间等内容。劳动合同履行期间，农民工享有《劳动法》规定的各项权利。解除劳动合同，用人单位应当依法支付经济补偿金。

劳动保障部门要加大对农民工劳动合同的监督检查力度，及时受理劳动合同纠纷。对不与农民工签订劳动合同、采取欺诈和威胁等手段签订合同，以及不履行合同的用人单位，要责令其纠正；对农民工合法利益造成损害的，要责令其进行赔偿；造成严重后果的，要依法严肃处理。

用人单位必须以法定货币形式支付农民工工资，不得以任何名目拖欠和克扣。劳动保障部门要加强对用人单位工资支付情况的监督检查，建立农民工工资支付监控制度。对拖欠和克扣农民工工资的用人单位,要责令其及时补发,不能立即补发的,要制定清欠计划,限期补发。对恶意拖欠和克扣工资的企业,涉嫌犯罪的,移交司法机关依法严肃处理。企业在依法破产、清偿债务时,要按照《企业破产法》的规定,把拖欠的农民工工资纳入第一清偿顺序。

各级建设、劳动保障等有关部门要重点做好对建筑施工企业拖欠和克扣农民工工资违法行为的查处工作,严厉打击恶意拖欠、克扣农民工工资的违法行为。因建设单位拖欠施工企业工程款,致使施工企业不能按时发放农民工工资的,要追究建设单位的责任;施工单位拖欠农民工工资的,要追究施工单位的责任。

四、改善农民工的生产生活条件

各地区、各有关部门要高度重视农民工的生产安全和职业病防治问题。使用农民工的单位,必须按照国家标准和行业要求,为农民工提供必要的安全生产设施、劳动保护条件及职业病防治措施。从事矿山、建筑和危险物品生产经营作业的农民工上岗前必须依法接受培训。要严格执行安全生产规章制度,加大生产安全监察工作力度,严防重大生产安全事故的发生。要做好将农民工纳入工伤保险范围的工作。发生生产安全事故要严格追究事故责任人的法律责任,并保证在事故中受到损害的农民工依法享有各项工伤保险待遇。

要关心农民工的生活,切实解决他们的实际困难。卫生部门要做好农民工的计划免疫和健康教育工作,建立农民工集中居住地的环境卫生和食物安全检查制度,严防发生群体疫病传染和食物中毒事件。用人单位为农民工安排的宿舍,必须具备一定的卫生条件,并保证农民工的人身安全。在农民工居住较集中的地段,当地政府应提供必要的基础设施,改善公共交通和环境卫生状况。有条件的地方可探索农民工参加医疗保险等具体办法,帮助他们解决务工就业期间的医疗等特殊困难。

要认真贯彻落实《禁止使用童工规定》。依法保护女工的合法权益。严厉惩处各种污辱农民工人格、侵害农民工人身权利的违法行为。

五、做好农民工培训工作

各地区、各有关部门应把农民工的培训工作作为一项重要任务来抓，结合实际，制定专门的培训计划，提高农民工素质。流出地政府在组织劳务输出时，要搞好农民工外出前的基本权益保护、法律知识、城市生活常识、寻找就业岗位等方面的培训，提高农民工遵守法律法规和依法维护权益的意识。流出地和流入地政府要充分利用全社会现有的教育资源，委托具备一定资格条件的各类职业培训机构为农民工提供形式多样的培训。为农民工提供的劳动技能性培训服务，应坚持自愿原则，由农民工自行选择并承担费用，政府可给予适当补贴。用人单位应对所招用的农民工进行必要的岗位技能和生产安全培训。劳动保障、教育等有关部门要对各类培训机构加强监督和规范，防止借培训之名，对农民工乱收费。

六、多渠道安排农民工子女就学

要保障农民工子女接受义务教育的权利。流入地政府应采取多种形式，接收农民工子女在当地的全日制公办中小学入学，在入学条件等方面与当地学生一视同仁，不得违反国家规定乱收费，对家庭经济困难的学生要酌情减免费用。要加强对社会力量兴办的农民工子女简易学校的扶持，将其纳入当地教育发展规划和体系，统一管理。简易学校的办学标准和审批办法可适当放宽，但应消除卫生、安全等隐患，教师要取得相应任职资格。教育部门对简易学校要在师资力量、教学等方面给予积极指导，帮助完善办学条件，逐步规范办学，不得采取简单的关停办法，造成农民工子女失学。流入地政府要专门安排一部分经费，用于农民工子女就学工作。流出地政府要配合流入地政府安置农民工子女入学，对返回原籍就学的，当地学校应当无条件接收，不得违规收费。

七、加强对农民工的管理

流入地政府要高度重视流动人口的治安管理工作。公安部门要及时为进城务工就业农民在现居住地办理暂住户口登记和暂住证。使用农民工的单位和农民工现居住地的社区组织，要实行治安管理责任制，密切配合公安机关对农民工进行遵纪守法教育，最大限度地预防和减少农民工的违法犯罪行为。要把农民工及其所携家属的计划生育、子女教育、劳动就业、妇幼保健、卫生防病、法律服务和治安管理工作等，列入各有关部门和社区的管理责任范围，并将相应的管理经费纳入财政预算，严格禁止向用工企业和农民工摊派。要运用多种形式，特别是发挥新闻媒体的舆论监督作用，引导社会正确对待和尊重农民工，鼓励他们自律自重，积极向上。

流出地政府要主动做好对外出就业农民的管理，向流入地政府通报有关农民工身份、计划生育、子女教育等方面的真实信息。要贯彻中央关于农村家庭承包经营的基本政策，稳定土地承包关系，不得强行收回外出务工就业农民的承包地。支持和鼓励外出农民工自愿、依法、有偿转让承包地使用权，保护农民工的权益，维护农村社会的稳定。要严格执行国家的农村税费改革政策，不得在规定承担的有关税费外，向外出务工的农民加收其他任何费用。

农民进城务工就业管理和服务工作涉及多个方面，各地区、各有关部门要加强协调配合，结合当地社会经济发展，制定农民进城务工就业的具体管理办法和服务措施。近期，要集中对涉及农民进城务工就业的不合理规定进行清理，并针对克扣和拖欠工资等突出问题组织一次专项检查，确保各项政策措施的落实。

国务院办公厅

2003 年 1 月 5 日

建设部关于贯彻《国务院办公厅关于做好农民进城务工就业管理和服务工作的通知》的通知

建人教电〔2003〕2号

各省、自治区建设厅，直辖市建委及有关部门，新疆生产建设兵团建设局：

为深入贯彻《国务院办公厅关于做好农民进城务工就业管理和服务工作的通知》（国办发〔2003〕1号）精神，做好建设行业农民工的管理和服务工作，保护农民工的合法权益，维护社会稳定，现就有关问题通知如下：

一、充分认识做好建设行业农民工管理和服务工作，保护农民工合法权益的重要意义

随着用工制度的改革，农民工已成为建设行业生产操作人员的主体。广大农民工进入建设行业，不仅促进了农村劳动力就业结构调整，提高了农民收入，同时也为建设行业的发展做出了重要贡献。但是当前一些地区的用人单位拖欠和克扣农民工工资问题相当突出，严重侵害了农民工的合法权益，已成为影响社会稳定的一个新的不可忽视的因素。各地建设行政主管部门要从深入贯彻党的十六大精神、实践"三个代表"重要思想、密切党同人民群众血肉联系、维护改革发展稳定大局的高度，充分认识做好建设行业农民工管理和服务工作，保护农民工合法权益的重要意义，切实抓紧抓好。

二、坚决制止拖欠和克扣农民工工资行为

各级建设行政主管部门要会同劳动保障部门严厉查处拖欠和克扣农民工工资的行为。要集中一段时间，对本地区拖欠农民工工资的情况进行清查。对查出有拖欠农民工工资的单位，要责令其及时补发。对因特殊情况不能及时补发的，要制定具体的清欠计划，限期补发，同时要向农民工所在单位和个人阐明原因，做

好稳定工作。对拒不补发的,一经查出,要依法处理。

要严厉打击恶意拖欠、克扣农民工工资的违法行为。对故意拖欠和克扣农民工工资的施工企业,要追究主要负责人的责任,并计入企业信用档案。对拖欠和克扣农民工工资数额较大、性质恶劣、造成严重后果的单位,除按《劳动法》等有关规定进行处罚外,还要在新闻媒体上曝光,涉嫌犯罪的,移交司法机关严肃处理。

对因建设单位拖欠施工企业工程款导致拖欠农民工工资的,施工企业要列出拖欠工程款清单,与建设单位协商,清理、偿还工程欠款,对协商后仍继续拖欠的,要依据《合同法》第286条规定进行诉讼。建设行政主管部门要会同有关部门追究建设单位责任,并在新闻媒体上曝光。

加强对房地产开发企业的管理。对开发资金不到位的建设项目,建设行政主管部门不予办理施工许可;对房地产开发企业有违反合同约定,严重拖欠工程款等不良经营行为的,建设行政主管部门对其新建工程项目不得颁发施工许可证或者批准开工,并根据《房地产开发企业资质管理规定》,在资质年检中予以处理,计入企业的信用档案。

各级建设行政主管部门要及时掌握本地区建筑企业农民工工资发放情况。对使用农民工的企业,每季度必须向当地建设行政主管部门上报一次农民工工资发放情况。

三、整顿市场秩序,规范市场行为,严防新的工资拖欠

各级建设行政主管部门在整顿规范建筑市场和房地产市场秩序中,要把解决建筑企业拖欠农民工工资问题作为重要内容来抓,加大处罚力度。对有拖欠工程款的建设单位,要按照《国务院办公厅关于进一步整顿和规范建筑市场秩序的通知》规定,对其新建工程项目不得颁发施工许可证或者批准开工。对有不按合同约定、拖欠农民工工资等违法行为的施工企业,在资质年检时要作出相应处理,严格市场准入制度。

四、加强劳动合同管理,依法保护农民工合法权益

为依法保护农民工的切身利益,建设行业招用农民工,用人

单位必须依法和农民工签订劳动合同，确保以货币形式按时足额支付工资。劳动合同中必须明确规定合同期限、劳动保护和劳动条件、劳动报酬及支付标准、支付项目、支付时间，支付形式等内容。农民工在履行劳动合同期间，依法享有与城镇职工同等的权力和义务，用人单位不得以任何理由歧视农民工，不得随意解除劳动合同。解除劳动合同，要依法支付经济补偿金。

各地建设行政主管部门要会同劳动保障部门对农民工劳动合同签订和执行情况进行检查，对不与农民工签订劳动合同或采取欺诈、威胁等手段签订劳动合同，以及不履行劳动合同的用人单位，要责令其纠正，对农民工合法利益受到损害的，要责令其赔偿，造成严重后果的，要依法严肃处理。要及时妥善解决劳资纠纷，对调解无效的劳动争议案件，移交当地劳动仲裁机构处理。

五、开展法律援助行动，依法维护农民工的合法权益

各地建设行政主管部门要加强对维护农民工合法权益的宣传工作，提高农民工依法维护自身合法权益的意识和能力。要开通投诉、举报电话，设立举报箱，认真受理举报案件，查处侵权行为。要与有关部门协调，成立法律援助工作站，开展法律咨询活动，为建设行业农民工提供法律援助服务，使农民工能够找到维护自身权力的机构。

六、加强劳动保护工作，改善农民工生产生活条件

各地建设行政主管部门要高度重视农民工的生产安全问题，加强劳动保护工作。要结合创建安全文明工地活动，改善施工现场工作条件，加大对施工现场安全生产的监督管理力度，落实安全生产责任制，避免发生意外伤亡事故。采取积极措施，推动本地区建立建筑业农民工意外伤害保险，保证农民工的合法权益。

要采取切实有效措施，改善农民工生活条件。用人单位提供的农民工居住地，要具有必要的基础设施，具备正常的居住条件。为便于对农民工的管理，有条件的单位，可建立农民工居住区，实行集中管理，改善居住条件。对农民工居住地要建立环境卫生管理检查制度，防止发生群体传染性疾病。要加强对农民工食物

安全的检查，严防食物中毒事件。

房地产管理部门要把好房屋租赁登记备案关，禁止向农民工出租危房等不具备居住条件的房屋，确保农民工的居住安全。

七、加强对农民工的培训，提高就业能力

各地建设行政主管部门要针对建设行业农民工队伍素质不高的现状，把农民工培训工作作为一项重要任务来抓，制定具体培训计划，贯彻落实生产操作人员持证上岗制度。输出和输入地要充分利用职业学校和职业培训机构，给农民提供优惠条件，开展多种形式的岗前职业技能培训和安全知识培训，取得相应的岗位资格证书，提高其就业能力。用人单位对农民工要进行上岗前的技能培训以及安全知识培训，保证农民工掌握必要的劳动技能、劳动安全和劳动保护常识，取得岗位资格证书者，方可允许上岗。

在对农民工进行职业技能培训的同时，还要加强对农民工法律法规的培训，提高农民工依法维护自身合法权益的意识和能力，避免因拖欠工资而采取过激行为。

为农民工提供的各种培训服务，要坚持个人自愿原则。对各类培训机构要加强监督检查，确保培训质量。要严格执行收费标准，严禁借培训之名，对农民工乱收费。对乱收费的，一经查出，按有关规定严肃处理。

八、加强对农民工队伍管理，促进建设事业发展

目前，建设行业农民工与企业关系松散，企业对农民工队伍采取以包代管，管理脱节。各地建设行政主管部门要指导，帮助农民工输出较多的县市，以多种形式组建法人形式的劳务分包企业，有组织、有目标地承揽劳务分包工程。防止"包工头"拖欠和克扣农民工工资。要在有形建筑市场增加劳务分包服务功能，发布劳务分包信息，为劳务企业提供公平、合法的承揽建筑劳务的场所。要大力发展劳务分包企业，规范用工行为，指导劳务队伍按资质标准注册成立劳务企业，培育劳务市场。按照市场经济体制的要求，坚持管理与服务并重的原则，建立劳务市场监管体系，严格市场准入管理。

做好农民工就业管理和服务,保障农民工的合法权益,是关系社会稳定的大事,各地建设行政主管部门要对本地区的有关规定进行清理,取消针对农民工的不合理限制,确保各项政策措施的落实,维护社会稳定。各地建设行政主管部门要根据本通知精神,制定具体落实措施,并将落实情况报建设部。

中华人民共和国建设部
二〇〇三年一月二十一日

防范和处置境外劳务事件的规定

商务部 外交部关于印送
《防范和处置境外劳务事件的规定》的通知
商合发〔2009〕303号

各省、自治区、直辖市、计划单列市人民政府，新疆生产建设兵团，各驻外使（领）馆，中国对外承包工程商会：

经国务院批准同意，商务部、外交部制订了《防范和处置境外劳务事件的规定》，就防范和处置境外劳务事件工作对各地人民政府和驻外使（领）馆提出指导意见，明确"谁对外签约，谁负责"和"属地"的原则，以及相关处置程序，强化预防和应急体系，落实管理责任。现印送给你们，请认真贯彻执行。

商务部 外交部
二〇〇九年六月二十三日

为妥善处理境外劳务事件，维护外派劳务人员和外派企业的合法权益，制定本规定。

第一条 境外劳务事件是指外派劳务和境外就业人员在外务工过程中，因劳资纠纷、经济纠纷、合同纠纷以及由战争、恐怖袭击、社会治安等原因引发的权益保护案件。

第二条 境外劳务事件事关外交大局和社会稳定，国内外影响大，各省、自治区、直辖市、计划单列市、新疆生产建设兵团（以下简称各省市）、各有关部门、各驻外使领馆必须高度重视，按照科学发展观和以人为本的要求，以高度的政治责任感和社会责任感，切实加强组织领导，积极防范和妥善处置境外劳务事件。

第三条 各省市和各驻外使领馆应采取有效措施,积极防范境外劳务事件。

(一)各省市应建立健全境外劳务事件预防体系;按照工作分工明确各有关部门的责任;建立境外务工人员投诉、报案的专门渠道,引导境外务工人员通过正规渠道维护自身合法权益。应要求并监督对外劳务合作企业建立与外派劳务人员的定期沟通制度,倾听外派劳务人员诉求,解决外派劳务人员合理关切。应定期对本省境外务工情况进行巡查,及时解决问题。

(二)各驻外使领馆应保持与驻在国有关政府部门的工作联系和沟通。应指定专人负责,倾听境外务工人员诉求;指导境外中资企业加强管理,及时化解矛盾。定期对辖区范围内的境外劳务项目进行巡查,及时掌握境外务工人员动态,发现苗头性问题迅速采取措施消除隐患。扩大对外宣传,正确引导境外务工人员和当地舆论。

第四条 境外劳务事件发生后,遵循以下原则处置:

(一)责任划分原则

"谁派出、谁负责"原则。即对外签约企业对境外劳务事件的处置负全责。该企业的上级单位或上级行政主管部门承担监管责任。

"属地"原则。即对外签约的企业注册地人民政府负责监督处置。相关涉事企业及境外务工人员国内户籍所在地人民政府负责配合处置。

(二)具体工作原则

各省市、各有关部门应综合运用政策、法律、经济、行政、社会救助以及思想教育等措施妥善处置。对逃避或推卸责任的企业、单位及个人,依法采取有效措施予以处理。境外务工人员违反我国及驻在国法律也应依法承担责任。工作中还应注意社会和舆论反应,及时准确发布信息,澄清事实,予以正面引导。

第五条 境外劳务事件发生后,按照以下程序处置:

（一）事件发生后，驻外使领馆应立即了解情况，摸清对外签约企业、相关涉事企业、派出方式、证件办理、境外雇主、境外务工人员诉求、问题症结，并及时介入处理。同时，做好境外务工人员思想工作，视情加强对外交涉，依法为境外务工人员提供必要的领事保护，争取平息事端。有关情况及已采取的措施和相关工作建议，径告上述企业及境外务工人员所在地人民政府，以及相关企业的上级单位或上级行政主管部门，抄报商务部、外交部。对未经批准的单位、企业或个人派出人员发生的境外劳务事件或涉嫌违法犯罪的境外劳务事件，还应抄告工商行政管理部门和公安部门。如境外劳务事件激化，驻外使领馆可视情建议有关地方人民政府尽快派工作组赴事发国或地区解决问题，必要时可请所在国或地区相关政府部门依法予以配合，避免造成恶性事件。

（二）各省市应责成相关部门、有关地方人民政府督促对外签约企业及相关涉事企业按照驻外使领馆的要求立即着手处置，加强与境外雇主的交涉，做好劳务人员家属工作，采取有效措施解决问题。必要时，应及时派出由相关部门和单位负责人组成的工作组赴境外，在我驻外使领馆领导下开展相关工作。同时，应将有关情况、拟采取的措施以及处置结果尽快反馈驻外使领馆，抄送相关企业的上级单位或上级行政主管部门，抄告商务部、外交部。

第六条 完善制度建设，落实管理责任。

各省市应建立境外劳务事件应急处置机制，部门联动，落实责任。按照工作分工，责成有关部门及地方政府部门妥善处置境外劳务事件，依法查处企业无证无照经营、违规收费等各类非法外派劳务行为，打击对外劳务合作中的违法犯罪活动，维护境外务工人员合法权益。

各驻外使领馆应建立境外劳务事件应急处置工作领导小组，做好对内对外工作衔接，配合国内做好境外劳务事件处置的各项工作。

有关行业组织应加强行业自律措施，协调对外劳务合作企业妥善处置境外劳务事件。

第七条 商务部、外交部将建立境外劳务事件处置督办制度，定期对各省处置境外劳务事件的情况进行检查。

第八条 本规定由商务部、外交部负责解释，自发布之日起施行。现行对外劳务合作管理规定与本规定不符的，以本规定为准。

劳务派遣暂行规定

中华人民共和国人力资源和社会保障部令
第 22 号

《劳务派遣暂行规定》已于 2013 年 12 月 20 日经人力资源社会保障部第 21 次部务会审议通过,现予公布,自 2014 年 3 月 1 日起施行。

人力资源和社会保障部部长
2014 年 1 月 24 日

第一章 总 则

第一条 为规范劳务派遣,维护劳动者的合法权益,促进劳动关系和谐稳定,依据《中华人民共和国劳动合同法》(以下简称劳动合同法)和《中华人民共和国劳动合同法实施条例》(以下简称劳动合同法实施条例)等法律、行政法规,制定本规定。

第二条 劳务派遣单位经营劳务派遣业务,企业(以下称用工单位)使用被派遣劳动者,适用本规定。

依法成立的会计师事务所、律师事务所等合伙组织和基金会以及民办非企业单位等组织使用被派遣劳动者,依照本规定执行。

第二章　用工范围和用工比例

第三条　用工单位只能在临时性、辅助性或者替代性的工作岗位上使用被派遣劳动者。

前款规定的临时性工作岗位是指存续时间不超过6个月的岗位；辅助性工作岗位是指为主营业务岗位提供服务的非主营业务岗位；替代性工作岗位是指用工单位的劳动者因脱产学习、休假等原因无法工作的一定期间内，可以由其他劳动者替代工作的岗位。

用工单位决定使用被派遣劳动者的辅助性岗位，应当经职工代表大会或者全体职工讨论，提出方案和意见，与工会或者职工代表平等协商确定，并在用工单位内公示。

第四条　用工单位应当严格控制劳务派遣用工数量，使用的被派遣劳动者数量不得超过其用工总量的10%。

前款所称用工总量是指用工单位订立劳动合同人数与使用的被派遣劳动者人数之和。

计算劳务派遣用工比例的用工单位是指依照劳动合同法和劳动合同法实施条例可以与劳动者订立劳动合同的用人单位。

第三章　劳动合同、劳务派遣协议的订立和履行

第五条　劳务派遣单位应当依法与被派遣劳动者订立2年以上的固定期限书面劳动合同。

第六条　劳务派遣单位可以依法与被派遣劳动者约定试用期。劳务派遣单位与同一被派遣劳动者只能约定一次试用期。

第七条　劳务派遣协议应当载明下列内容：

（一）派遣的工作岗位名称和岗位性质；

（二）工作地点；

（三）派遣人员数量和派遣期限；

（四）按照同工同酬原则确定的劳动报酬数额和支付方式；

（五）社会保险费的数额和支付方式；

（六）工作时间和休息休假事项；

（七）被派遣劳动者工伤、生育或者患病期间的相关待遇；

（八）劳动安全卫生以及培训事项；

（九）经济补偿等费用；

（十）劳务派遣协议期限；

（十一）劳务派遣服务费的支付方式和标准；

（十二）违反劳务派遣协议的责任；

（十三）法律、法规、规章规定应当纳入劳务派遣协议的其他事项。

第八条 劳务派遣单位应当对被派遣劳动者履行下列义务：

（一）如实告知被派遣劳动者劳动合同法第八条规定的事项、应遵守的规章制度以及劳务派遣协议的内容；

（二）建立培训制度，对被派遣劳动者进行上岗知识、安全教育培训；

（三）按照国家规定和劳务派遣协议约定，依法支付被派遣劳动者的劳动报酬和相关待遇；

（四）按照国家规定和劳务派遣协议约定，依法为被派遣劳动者缴纳社会保险费，并办理社会保险相关手续；

（五）督促用工单位依法为被派遣劳动者提供劳动保护和劳动安全卫生条件；

（六）依法出具解除或者终止劳动合同的证明；

（七）协助处理被派遣劳动者与用工单位的纠纷；

（八）法律、法规和规章规定的其他事项。

第九条 用工单位应当按照劳动合同法第六十二条规定，向被派遣劳动者提供与工作岗位相关的福利待遇，不得歧视被派遣劳动者。

第十条 被派遣劳动者在用工单位因工作遭受事故伤害的，

劳务派遣单位应当依法申请工伤认定，用工单位应当协助工伤认定的调查核实工作。劳务派遣单位承担工伤保险责任，但可以与用工单位约定补偿办法。

被派遣劳动者在申请进行职业病诊断、鉴定时，用工单位应当负责处理职业病诊断、鉴定事宜，并如实提供职业病诊断、鉴定所需的劳动者职业史和职业危害接触史、工作场所职业病危害因素检测结果等资料，劳务派遣单位应当提供被派遣劳动者职业病诊断、鉴定所需的其他材料。

第十一条　劳务派遣单位行政许可有效期未延续或者《劳务派遣经营许可证》被撤销、吊销的，已经与被派遣劳动者依法订立的劳动合同应当履行至期限届满。双方经协商一致，可以解除劳动合同。

第十二条　有下列情形之一的，用工单位可以将被派遣劳动者退回劳务派遣单位：

（一）用工单位有劳动合同法第四十条第三项、第四十一条规定情形的；

（二）用工单位被依法宣告破产、吊销营业执照、责令关闭、撤销、决定提前解散或者经营期限届满不再继续经营的；

（三）劳务派遣协议期满终止的。

被派遣劳动者退回后在无工作期间，劳务派遣单位应当按照不低于所在地人民政府规定的最低工资标准，向其按月支付报酬。

第十三条　被派遣劳动者有劳动合同法第四十二条规定情形的，在派遣期限届满前，用工单位不得依据本规定第十二条第一款第一项规定将被派遣劳动者退回劳务派遣单位；派遣期限届满的，应当延续至相应情形消失时方可退回。

第四章　劳动合同的解除和终止

第十四条　被派遣劳动者提前30日以书面形式通知劳务派遣单位，可以解除劳动合同。被派遣劳动者在试用期内提前3日通知劳务派遣单位，可以解除劳动合同。劳务派遣单位应当将被派遣劳动者通知解除劳动合同的情况及时告知用工单位。

第十五条 被派遣劳动者因本规定第十二条规定被用工单位退回，劳务派遣单位重新派遣时维持或者提高劳动合同约定条件，被派遣劳动者不同意的，劳务派遣单位可以解除劳动合同。

被派遣劳动者因本规定第十二条规定被用工单位退回，劳务派遣单位重新派遣时降低劳动合同约定条件，被派遣劳动者不同意的，劳务派遣单位不得解除劳动合同。但被派遣劳动者提出解除劳动合同的除外。

第十六条 劳务派遣单位被依法宣告破产、吊销营业执照、责令关闭、撤销、决定提前解散或者经营期限届满不再继续经营的，劳动合同终止。用工单位应当与劳务派遣单位协商妥善安置被派遣劳动者。

第十七条 劳务派遣单位因劳动合同法第四十六条或者本规定第十五条、第十六条规定的情形，与被派遣劳动者解除或者终止劳动合同的，应当依法向被派遣劳动者支付经济补偿。

第五章 跨地区劳务派遣的社会保险

第十八条 劳务派遣单位跨地区派遣劳动者的，应当在用工单位所在地为被派遣劳动者参加社会保险，按照用工单位所在地的规定缴纳社会保险费，被派遣劳动者按照国家规定享受社会保险待遇。

第十九条 劳务派遣单位在用工单位所在地设立分支机构的，由分支机构为被派遣劳动者办理参保手续，缴纳社会保险费。

劳务派遣单位未在用工单位所在地设立分支机构的，由用工单位代劳务派遣单位为被派遣劳动者办理参保手续，缴纳社会保险费。

第六章　法律责任

第二十条　劳务派遣单位、用工单位违反劳动合同法和劳动合同法实施条例有关劳务派遣规定的，按照劳动合同法第九十二条规定执行。

第二十一条　劳务派遣单位违反本规定解除或者终止被派遣劳动者劳动合同的，按照劳动合同法第四十八条、第八十七条规定执行。

第二十二条　用工单位违反本规定第三条第三款规定的，由人力资源社会保障行政部门责令改正，给予警告；给被派遣劳动者造成损害的，依法承担赔偿责任。

第二十三条　劳务派遣单位违反本规定第六条规定的，按照劳动合同法第八十三条规定执行。

第二十四条　用工单位违反本规定退回被派遣劳动者的，按照劳动合同法第九十二条第二款规定执行。

第七章　附　则

第二十五条　外国企业常驻代表机构和外国金融机构驻华代表机构等使用被派遣劳动者的，以及船员用人单位以劳务派遣形式使用国际远洋海员的，不受临时性、辅助性、替代性岗位和劳务派遣用工比例的限制。

第二十六条　用人单位将本单位劳动者派往境外工作或者派往家庭、自然人处提供劳动的，不属于本规定所称劳务派遣。

第二十七条　用人单位以承揽、外包等名义，按劳务派遣用工形式使用劳动者的，按照本规定处理。

第二十八条　用工单位在本规定施行前使用被派遣劳动者数量超过其用工总量10%的，应当制定调整用工方案，于本规定施行之日起2年内降至规定比例。但是，《全国人民代表大会常务委员会关于修改〈中华人民共和国劳动合同法〉的决定》公布前已依法订立的劳动合同和劳务派遣协议期限届满日期在本规定施行之日起 2 年后的，可以依法继续履行至期限届满。

用工单位应当将制定的调整用工方案报当地人力资源社会保障行政部门备案。

用工单位未将本规定施行前使用的被派遣劳动者数量降至符合规定比例之前，不得新用被派遣劳动者。

第二十九条　本规定自 2014 年 3 月 1 日起施行。

附 录

劳务派遣行政许可实施办法

中华人民共和国人力资源和社会保障部令
第 19 号

《劳务派遣行政许可实施办法》已经人力资源社会保障部第 10 次部务会审议通过,现予公布,自 2013 年 7 月 1 日起施行。

人力资源和社会保障部部长
2013 年 6 月 20 日

第一章 总 则

第一条 为了规范劳务派遣,根据《中华人民共和国劳动合同法》《中华人民共和国行政许可法》等法律,制定本办法。

第二条 劳务派遣行政许可的申请受理、审查批准以及相关的监督检查等,适用本办法。

第三条 人力资源社会保障部负责对全国的劳务派遣行政许可工作进行监督指导。

县级以上地方人力资源社会保障行政部门按照省、自治区、直辖市人力资源社会保障行政部门确定的许可管辖分工,负责实施本行政区域内劳务派遣行政许可工作以及相关的监督检查。

第四条 人力资源社会保障行政部门实施劳务派遣行政许可,

应当遵循权责统一、公开公正、优质高效的原则。

第五条 人力资源社会保障行政部门应当在本行政机关办公场所、网站上公布劳务派遣行政许可的依据、程序、期限、条件和需要提交的全部材料目录以及监督电话,并在本行政机关网站和至少一种全地区性报纸上向社会公布获得许可的劳务派遣单位名单及其许可变更、延续、撤销、吊销、注销等情况。

第二章 劳务派遣行政许可

第六条 经营劳务派遣业务,应当向所在地有许可管辖权的人力资源社会保障行政部门(以下称许可机关)依法申请行政许可。

未经许可,任何单位和个人不得经营劳务派遣业务。

第七条 申请经营劳务派遣业务应当具备下列条件:

(一)注册资本不得少于人民币200万元;

(二)有与开展业务相适应的固定的经营场所和设施;

(三)有符合法律、行政法规规定的劳务派遣管理制度;

(四)法律、行政法规规定的其他条件。

第八条 申请经营劳务派遣业务的,申请人应当向许可机关提交下列材料:

(一)劳务派遣经营许可申请书;

(二)营业执照或者《企业名称预先核准通知书》;

(三)公司章程以及验资机构出具的验资报告或者财务审计报告;

(四)经营场所的使用证明以及与开展业务相适应的办公设施设备、信息管理系统等清单;

(五)法定代表人的身份证明;

(六)劳务派遣管理制度,包括劳动合同、劳动报酬、社会保险、工作时间、休息休假、劳动纪律等与劳动者切身利益相关的规章制度文本;拟与用工单位签订的劳务派遣协议样本。

第九条 许可机关收到申请材料后,应当根据下列情况分别作出处理：

（一）申请材料存在可以当场更正的错误的，应当允许申请人当场更正；

（二）申请材料不齐全或者不符合法定形式的，应当当场或者在5个工作日内一次告知申请人需要补正的全部内容，逾期不告知的，自收到申请材料之日起即为受理；

（三）申请材料齐全、符合法定形式，或者申请人按照要求提交了全部补正申请材料的，应当受理行政许可申请。

第十条　许可机关对申请人提出的申请决定受理的，应当出具《受理决定书》；决定不予受理的，应当出具《不予受理决定书》，说明不予受理的理由，并告知申请人享有依法申请行政复议或者提起行政诉讼的权利。

第十一条　许可机关决定受理申请的，应当对申请人提交的申请材料进行审查。根据法定条件和程序，需要对申请材料的实质内容进行核实的，许可机关应当指派2名以上工作人员进行核查。

第十二条　许可机关应当自受理之日起20个工作日内作出是否准予行政许可的决定。20个工作日内不能作出决定的，经本行政机关负责人批准，可以延长10个工作日，并应当将延长期限的理由告知申请人。

第十三条　申请人的申请符合法定条件的，许可机关应当依法作出准予行政许可的书面决定，并自作出决定之日起5个工作日内通知申请人领取《劳务派遣经营许可证》。

申请人的申请不符合法定条件的，许可机关应当依法作出不予行政许可的书面决定，说明不予行政许可的理由，并告知申请人享有依法申请行政复议或者提起行政诉讼的权利。

第十四条　《劳务派遣经营许可证》应当载明单位名称、住所、法定代表人、注册资本、许可经营事项、有效期限、编号、发证机关以及发证日期等事项。《劳务派遣经营许可证》分为正本、副本。正本、副本具有同等法律效力。

《劳务派遣经营许可证》有效期为3年。

《劳务派遣经营许可证》由人力资源社会保障部统一制定样式，由各省、自治区、直辖市人力资源社会保障行政部门负责印制、免费发放和管理。

第十五条　劳务派遣单位取得《劳务派遣经营许可证》后，应当妥善保管，不得涂改、倒卖、出租、出借或者以其他形式非法转让。

第十六条　劳务派遣单位名称、住所、法定代表人或者注册资本等改变的，应当向许可机关提出变更申请。符合法定条件的，许可机关应当自收到变更申请之日起10个工作日内依法办理变更手续，并换发新的《劳务派遣经营许可证》或者在原《劳务派遣经营许可证》上予以注明；不符合法定条件的，许可机关应当自收到变更申请之日起10个工作日内作出不予变更的书面决定，并说明理由。

第十七条　劳务派遣单位分立、合并后继续存续，其名称、住所、法定代表人或者注册资本等改变的，应当按照本办法第十六条规定执行。

劳务派遣单位分立、合并后设立新公司的，应当按照本办法重新申请劳务派遣行政许可。

第十八条　劳务派遣单位需要延续行政许可有效期的，应当在有效期届满60日前向许可机关提出延续行政许可的书面申请，并提交3年以来的基本经营情况；劳务派遣单位逾期提出延续行政许可的书面申请的，按照新申请经营劳务派遣行政许可办理。

第十九条　许可机关应当根据劳务派遣单位的延续申请，在该行政许可有效期届满前作出是否准予延续的决定；逾期未作决定的，视为准予延续。

准予延续行政许可的，应当换发新的《劳务派遣经营许可证》。

第二十条　劳务派遣单位有下列情形之一的，许可机关应当自收到延续申请之日起10个工作日内作出不予延续书面决定，并说明理由：

（一）逾期不提交劳务派遣经营情况报告或者提交虚假劳务派遣经营情况报告，经责令改正，拒不改正的；

（二）违反劳动保障法律法规，在一个行政许可期限内受到2次以上行政处罚的。

第二十一条　劳务派遣单位设立子公司经营劳务派遣业务的，应当由子公司向所在地许可机关申请行政许可；劳务派遣单位设立分公司经营劳务派遣业务的，应当书面报告许可机关，并由分公司向所在地人力资源社会保障行政部门备案。

第三章　监督检查

第二十二条　劳务派遣单位应当于每年3月31日前向许可机关提交上一年度劳务派遣经营情况报告，如实报告下列事项：

（一）经营情况以及上年度财务审计报告；

（二）被派遣劳动者人数以及订立劳动合同、参加工会的情况；

（三）向被派遣劳动者支付劳动报酬的情况；

（四）被派遣劳动者参加社会保险、缴纳社会保险费的情况；

（五）被派遣劳动者派往的用工单位、派遣数量、派遣期限、用工岗位的情况；

（六）与用工单位订立的劳务派遣协议情况以及用工单位履行法定义务的情况；

（七）设立子公司、分公司等情况。

劳务派遣单位设立的子公司或者分公司，应当向办理许可或者备案手续的人力资源社会保障行政部门提交上一年度劳务派遣经营情况报告。

第二十三条　许可机关应当对劳务派遣单位提交的年度经营情况报告进行核验，依法对劳务派遣单位进行监督，并将核验结果和监督情况载入企业信用记录。

第二十四条　有下列情形之一的，许可机关或者其上级行政机关，可以撤销劳务派遣行政许可：

（一）许可机关工作人员滥用职权、玩忽职守，给不符合条件的申请人发放《劳务派遣经营许可证》的；

（二）超越法定职权发放《劳务派遣经营许可证》的；

（三）违反法定程序发放《劳务派遣经营许可证》的；

（四）依法可以撤销行政许可的其他情形。

第二十五条　申请人隐瞒真实情况或者提交虚假材料申请行政许可的，许可机关不予受理、不予行政许可。

劳务派遣单位以欺骗、贿赂等不正当手段和隐瞒真实情况或者提交虚假材料取得行政许可的，许可机关应当予以撤销。被撤销行政许可的劳务派遣单位在1年内不得再次申请劳务派遣行政许可。

第二十六条　有下列情形之一的，许可机关应当依法办理劳务派遣行政许可注销手续：

（一）《劳务派遣经营许可证》有效期届满，劳务派遣单位未申请延续的，或者延续申请未被批准的；

（二）劳务派遣单位依法终止的；

（三）劳务派遣行政许可依法被撤销，或者《劳务派遣经营许可证》依法被吊销的；

（四）法律、法规规定的应当注销行政许可的其他情形。

第二十七条　劳务派遣单位向许可机关申请注销劳务派遣行政许可的，应当提交已经依法处理与被派遣劳动者的劳动关系及其社会保险权益等材料，许可机关应当在核实有关情况后办理注销手续。

第二十八条　当事人对许可机关作出的有关劳务派遣行政许可的行政决定不服的，可以依法申请行政复议或者提起行政诉讼。

第二十九条　任何组织和个人有权对实施劳务派遣行政许可中的违法违规行为进行举报，人力资源社会保障行政部门应当及时核实、处理。

第四章　法律责任

第三十条　人力资源社会保障行政部门有下列情形之一的，由其上级行政机关或者监察机关责令改正，对直接负责的主管人员和其他直接责任人员依法给予处分；构成犯罪的，依法追究刑事责任：

（一）向不符合法定条件的申请人发放《劳务派遣经营许可证》，或者超越法定职权发放《劳务派遣经营许可证》的；

（二）对符合法定条件的申请人不予行政许可或者不在法定期限内作出准予行政许可决定的；

（三）在办理行政许可、实施监督检查工作中，玩忽职守、徇私舞弊，索取或者收受他人财物或者谋取其他利益的；

（四）不依法履行监督职责或者监督不力，造成严重后果的。

许可机关违法实施行政许可，给当事人的合法权益造成损害的，应当依照国家赔偿法的规定给予赔偿。

第三十一条　任何单位和个人违反《中华人民共和国劳动合同法》的规定，未经许可，擅自经营劳务派遣业务的，由人力资源社会保障行政部门责令停止违法行为，没收违法所得，并处违法所得1倍以上5倍以下的罚款；没有违法所得的，可以处5万元以下的罚款。

第三十二条　劳务派遣单位违反《中华人民共和国劳动合同法》有关劳务派遣规定的，由人力资源社会保障行政部门责令限期改正；逾期不改正的，以每人5000元以上1万元以下的标准处以罚款，并吊销其《劳务派遣经营许可证》。

第三十三条　劳务派遣单位有下列情形之一的，由人力资源社会保障行政部门处1万元以下的罚款；情节严重的，处1万元以上3万元以下的罚款：

（一）涂改、倒卖、出租、出借《劳务派遣经营许可证》，或者以其他形式非法转让《劳务派遣经营许可证》的；

（二）隐瞒真实情况或者提交虚假材料取得劳务派遣行政许可的；

（三）以欺骗、贿赂等不正当手段取得劳务派遣行政许可的。

第五章 附 则

第三十四条 劳务派遣单位在 2012 年 12 月 28 日至 2013 年 6 月 30 日之间订立的劳动合同和劳务派遣协议，2013 年 7 月 1 日后应当按照《全国人大常委会关于修改〈中华人民共和国劳动合同法〉的决定》执行。

本办法施行前经营劳务派遣业务的单位，应当按照本办法取得劳务派遣行政许可后，方可经营新的劳务派遣业务；本办法施行后未取得劳务派遣行政许可的，不得经营新的劳务派遣业务。

第三十五条 本办法自 2013 年 7 月 1 日起施行。

财政部 国家税务总局关于进一步明确全面推开营改增试点有关劳务派遣服务、收费公路通行费抵扣等政策的通知

财税〔2016〕47号

各省、自治区、直辖市、计划单列市财政厅（局）、国家税务局、地方税务局，新疆生产建设兵团财务局：

经研究，现将营改增试点期间劳务派遣服务等政策补充通知如下：

一、劳务派遣服务政策

一般纳税人提供劳务派遣服务，可以按照《财政部 国家税务总局关于全面推开营业税改征增值税试点的通知》（财税〔2016〕36号）的有关规定，以取得的全部价款和价外费用为销售额，按照一般计税方法计算缴纳增值税；也可以选择差额纳税，以取得的全部价款和价外费用，扣除代用工单位支付给劳务派遣员工的工资、福利和为其办理社会保险及住房公积金后的余额为销售额，按照简易计税方法依5%的征收率计算缴纳增值税。

小规模纳税人提供劳务派遣服务，可以按照《财政部 国家税务总局关于全面推开营业税改征增值税试点的通知》（财税〔2016〕36号）的有关规定，以取得的全部价款和价外费用为销售额，按照简易计税方法依3%的征收率计算缴纳增值税；也可以选择差额纳税，以取得的全部价款和价外费用，扣除代用工单位支付给劳务派遣员工的工资、福利和为其办理社会保险及住房公积金后的余额为销售额，按照简易计税方法依5%的征收率计算缴纳增值税。

选择差额纳税的纳税人，向用工单位收取用于支付给劳务派遣员工工资、福利和为其办理社会保险及住房公积金的费用，不得开具增值税专用发票，可以开具普通发票。

劳务派遣服务，是指劳务派遣公司为了满足用工单位对于各类灵活用工的需求，将员工派遣至用工单位，接受用工单位管理并为其工作的服务。

二、收费公路通行费抵扣及征收政策

（一）2016年5月1日至7月31日，一般纳税人支付的道路、桥、闸通行费，暂凭取得的通行费发票（不含财政票据，下同）上注明的收费金额按照下列公式计算可抵扣的进项税额：

高速公路通行费可抵扣进项税额＝高速公路通行费发票上注明的金额÷（1+3%）×3%

一级公路、二级公路、桥、闸通行费可抵扣进项税额＝一级公路、二级公路、桥、闸通行费发票上注明的金额÷（1+5%）×5%

通行费，是指有关单位依法或者依规设立并收取的过路、过桥和过闸费用。

（二）一般纳税人收取试点前开工的一级公路、二级公路、桥、闸通行费，可以选择适用简易计税方法，按照5%的征收率计算缴纳增值税。

试点前开工，是指相关施工许可证注明的合同开工日期在2016年4月30日前。

三、其他政策

（一）纳税人提供人力资源外包服务，按照经纪代理服务缴纳增值税，其销售额不包括受客户单位委托代为向客户单位员工发放的工资和代理缴纳的社会保险、住房公积金。向委托方收取并代为发放的工资和代理缴纳的社会保险、住房公积金，不得开具增值税专用发票，可以开具普通发票。

一般纳税人提供人力资源外包服务，可以选择适用简易计税方法，按照5%的征收率计算缴纳增值税。

（二）纳税人以经营租赁方式将土地出租给他人使用，按照不动产经营租赁服务缴纳增值税。

纳税人转让2016年4月30日前取得的土地使用权，可以选择适用简易计税方法，以取得的全部价款和价外费用减去取得该土地使用权的原价后的余额为销售额，按照5%的征收率计算缴纳增值税。

（三）一般纳税人2016年4月30日前签订的不动产融资租赁合同，或以2016年4月30日前取得的不动产提供的融资租赁服务，可以选择适用简易计税方法，按照5%的征收率计算缴纳增值税。

（四）一般纳税人提供管道运输服务和有形动产融资租赁服务，按照《营业税改征增值税试点过渡政策的规定》（财税〔2013〕106号）第二条有关规定适用的增值税实际税负超过3%部分即征即退政策，在2016年1月1日至4月30日期间继续执行。

四、本通知规定的内容，除另有规定执行时间外，自2016年5月1日起执行。

财政部 国家税务总局
2016年4月30日

对外劳务合作管理条例

中华人民共和国国务院令
第 620 号

《对外劳务合作管理条例》已经 2012 年 5 月 16 日国务院第 203 次常务会议通过,现予公布,自 2012 年 8 月 1 日起施行。

总理　温家宝
二〇一二年六月四日

第一章　总　　则

第一条　为了规范对外劳务合作,保障劳务人员的合法权益,促进对外劳务合作健康发展,制定本条例。

第二条　本条例所称对外劳务合作,是指组织劳务人员赴其他国家或者地区为国外的企业或者机构(以下统称国外雇主)工作的经营性活动。

国外的企业、机构或者个人不得在中国境内招收劳务人员赴国外工作。

第三条　国家鼓励和支持依法开展对外劳务合作,提高对外劳务合作水平，维护劳务人员的合法权益。

国务院有关部门制定和完善促进对外劳务合作发展的政策措施，建立健全对外劳务合作服务体系以及风险防范和处置机制。

第四条 国务院商务主管部门负责全国的对外劳务合作监督管理工作。国务院外交、公安、人力资源社会保障、交通运输、住房城乡建设、渔业、工商行政管理等有关部门在各自职责范围内，负责对外劳务合作监督管理的相关工作。

县级以上地方人民政府统一领导、组织、协调本行政区域的对外劳务合作监督管理工作。县级以上地方人民政府商务主管部门负责本行政区域的对外劳务合作监督管理工作，其他有关部门在各自职责范围内负责对外劳务合作监督管理的相关工作。

第二章 从事对外劳务合作的企业与劳务人员

第五条 从事对外劳务合作，应当按照省、自治区、直辖市人民政府的规定，经省级或者设区的市级人民政府商务主管部门批准，取得对外劳务合作经营资格。

第六条 申请对外劳务合作经营资格，应当具备下列条件：

（一）符合企业法人条件；

（二）实缴注册资本不低于600万元人民币；

（三）有3名以上熟悉对外劳务合作业务的管理人员；

（四）有健全的内部管理制度和突发事件应急处置制度；

（五）法定代表人没有故意犯罪记录。

第七条 申请对外劳务合作经营资格的企业，应当向所在地省级或者设区的市级人民政府商务主管部门（以下称负责审批的商务主管部门）提交其符合本条例第六条规定条件的证明材料。负责审批的商务主管部门应当自收到证明材料之日起20个工作日内进行审查，作出批准或者不予批准的决定。予以批准的，颁发对外劳务合作经营资格证书；不予批准的，书面通知申请人并说明理由。

申请人持对外劳务合作经营资格证书，依法向工商行政管理部门办理登记。

负责审批的商务主管部门应当将依法取得对外劳务合作经营资格证书并办理登记的企业（以下称对外劳务合作企业）名单报至国务院商务主管部门，国务院商务主管部门应当及时通报中国驻外使馆、领馆。

未依法取得对外劳务合作经营资格证书并办理登记，不得从事对外劳务合作。

第八条 对外劳务合作企业不得允许其他单位或者个人以本企业的名义组织劳务人员赴国外工作。

任何单位和个人不得以商务、旅游、留学等名义组织劳务人员赴国外工作。

第九条 对外劳务合作企业应当自工商行政管理部门登记之日起5个工作日内，在负责审批的商务主管部门指定的银行开设专门账户，缴存不低于300万元人民币的对外劳务合作风险处置备用金（以下简称备用金）。备用金也可以通过向负责审批的商务主管部门提交等额银行保函的方式缴存。

负责审批的商务主管部门应当将缴存备用金的对外劳务合作企业名单向社会公布。

第十条 备用金用于支付对外劳务合作企业拒绝承担或者无力承担的下列费用：

（一）对外劳务合作企业违反国家规定收取，应当退还给劳务人员的服务费；

（二）依法或者按照约定应当由对外劳务合作企业向劳务人员支付的劳动报酬；

（三）依法赔偿劳务人员的损失所需费用；

（四）因发生突发事件，劳务人员回国或者接受紧急救助所需费用。

备用金使用后，对外劳务合作企业应当自使用之日起20个工作日内将备用金补足到原有数额。

备用金缴存、使用和监督管理的具体办法由国务院商务主管部门会同国务院财政部门制定。

第十一条 对外劳务合作企业不得组织劳务人员赴国外从事与赌博、色情活动相关的工作。

第十二条 对外劳务合作企业应当安排劳务人员接受赴国外工作所需的职业技能、安全防范知识、外语以及用工项目所在国家或者地区相关法律、宗教信仰、风俗习惯等知识的培训;未安排劳务人员接受培训的,不得组织劳务人员赴国外工作。

劳务人员应当接受培训,掌握赴国外工作所需的相关技能和知识,提高适应国外工作岗位要求以及安全防范的能力。

第十三条 对外劳务合作企业应当为劳务人员购买在国外工作期间的人身意外伤害保险。但是,对外劳务合作企业与国外雇主约定由国外雇主为劳务人员购买的除外。

第十四条 对外劳务合作企业应当为劳务人员办理出境手续,并协助办理劳务人员在国外的居留、工作许可等手续。

对外劳务合作企业组织劳务人员出境后,应当及时将有关情况向中国驻用工项目所在国使馆、领馆报告。

第十五条 对外劳务合作企业、劳务人员应当遵守用工项目所在国家或者地区的法律,尊重当地的宗教信仰、风俗习惯和文化传统。

对外劳务合作企业、劳务人员不得从事损害国家安全和国家利益的活动。

第十六条 对外劳务合作企业应当跟踪了解劳务人员在国外的工作、生活情况,协助解决劳务人员工作、生活中的困难和问题,及时向国外雇主反映劳务人员的合理要求。

对外劳务合作企业向同一国家或者地区派出的劳务人员数量超过100人的,应当安排随行管理人员,并将随行管理人员名单报中国驻用工项目所在国使馆、领馆备案。

第十七条 对外劳务合作企业应当制定突发事件应急预案。

国外发生突发事件的,对外劳务合作企业应当及时、妥善处理,并立即向中国驻用工项目所在国使馆、领馆和国内有关部门报告。

第十八条 用工项目所在国家或者地区发生战争、暴乱、重大自然灾害等突发事件,中国政府作出相应避险安排的,对外劳务合作企业和劳务人员应当服从安排,予以配合。

第十九条 对外劳务合作企业停止开展对外劳务合作的,应当对其派出的尚在国外工作的劳务人员作出妥善安排,并将安排方案报负责审批的商务主管部门备案。负责审批的商务主管部门应当将安排方案报至国务院商务主管部门,国务院商务主管部门应当及时通报中国驻用工项目所在国使馆、领馆。

第二十条 劳务人员有权向商务主管部门和其他有关部门投诉对外劳务合作企业违反合同约定或者其他侵害劳务人员合法权益的行为。接受投诉的部门应当按照职责依法及时处理,并将处理情况向投诉人反馈。

第三章　与对外劳务合作有关的合同

第二十一条 对外劳务合作企业应当与国外雇主订立书面劳务合作合同;未与国外雇主订立书面劳务合作合同的,不得组织劳务人员赴国外工作。

劳务合作合同应当载明与劳务人员权益保障相关的下列事项:

(一)劳务人员的工作内容、工作地点、工作时间和休息休假;

(二)合同期限;

(三)劳务人员的劳动报酬及其支付方式;

(四)劳务人员社会保险费的缴纳;

(五)劳务人员的劳动条件、劳动保护、职业培训和职业危害防护;

(六)劳务人员的福利待遇和生活条件;

(七)劳务人员在国外居留、工作许可等手续的办理;

（八）劳务人员人身意外伤害保险的购买；

（九）因国外雇主原因解除与劳务人员的合同对劳务人员的经济补偿；

（十）发生突发事件对劳务人员的协助、救助；

（十一）违约责任。

第二十二条 对外劳务合作企业与国外雇主订立劳务合作合同，应当事先了解国外雇主和用工项目的情况以及用工项目所在国家或者地区的相关法律。

用工项目所在国家或者地区法律规定企业或者机构使用外籍劳务人员需经批准的，对外劳务合作企业只能与经批准的企业或者机构订立劳务合作合同。

对外劳务合作企业不得与国外的个人订立劳务合作合同。

第二十三条 除本条第二款规定的情形外，对外劳务合作企业应当与劳务人员订立书面服务合同；未与劳务人员订立书面服务合同的，不得组织劳务人员赴国外工作。服务合同应当载明劳务合作合同中与劳务人员权益保障相关的事项，以及服务项目、服务费及其收取方式、违约责任。

对外劳务合作企业组织与其建立劳动关系的劳务人员赴国外工作的，与劳务人员订立的劳动合同应当载明劳务合作合同中与劳务人员权益保障相关的事项；未与劳务人员订立劳动合同的，不得组织劳务人员赴国外工作。

第二十四条 对外劳务合作企业与劳务人员订立服务合同或者劳动合同时，应当将劳务合作合同中与劳务人员权益保障相关的事项以及劳务人员要求了解的其他情况如实告知劳务人员，并向劳务人员明确提示包括人身安全风险在内的赴国外工作的风险，不得向劳务人员隐瞒有关信息或者提供虚假信息。

对外劳务合作企业有权了解劳务人员与订立服务合同、劳动合同直接相关的个人基本情况，劳务人员应当如实说明。

第二十五条 对外劳务合作企业向与其订立服务合同的劳务人员收取服务费，应当符合国务院价格主管部门会同国务院商务主管部门制定的有关规定。

对外劳务合作企业不得向与其订立劳动合同的劳务人员收取服务费。

对外劳务合作企业不得以任何名目向劳务人员收取押金或者要求劳务人员提供财产担保。

第二十六条 对外劳务合作企业应当自与劳务人员订立服务合同或者劳动合同之日起10个工作日内，将服务合同或者劳动合同、劳务合作合同副本以及劳务人员名单报负责审批的商务主管部门备案。负责审批的商务主管部门应当将用工项目、国外雇主的有关信息以及劳务人员名单报至国务院商务主管部门。

商务主管部门发现服务合同或者劳动合同、劳务合作合同未依照本条例规定载明必备事项的，应当要求对外劳务合作企业补正。

第二十七条 对外劳务合作企业应当负责协助劳务人员与国外雇主订立确定劳动关系的合同，并保证合同中有关劳务人员权益保障的条款与劳务合作合同相应条款的内容一致。

第二十八条 对外劳务合作企业、劳务人员应当信守合同，全面履行合同约定的各自的义务。

第二十九条 劳务人员在国外实际享有的权益不符合合同约定的，对外劳务合作企业应当协助劳务人员维护合法权益，要求国外雇主履行约定义务、赔偿损失；劳务人员未得到应有赔偿的，有权要求对外劳务合作企业承担相应的赔偿责任。对外劳务合作企业不协助劳务人员向国外雇主要求赔偿的，劳务人员可以直接向对外劳务合作企业要求赔偿。

劳务人员在国外实际享有的权益不符合用工项目所在国家或者地区法律规定的，对外劳务合作企业应当协助劳务人员维护合法权益，要求国外雇主履行法律规定的义务、赔偿损失。

因对外劳务合作企业隐瞒有关信息或者提供虚假信息等原因，导致劳务人员在国外实际享有的权益不符合合同约定的，对外劳务合作企业应当承担赔偿责任。

第四章　政府的服务和管理

第三十条　国务院商务主管部门会同国务院有关部门建立对外劳务合作信息收集、通报制度，为对外劳务合作企业和劳务人员无偿提供信息服务。

第三十一条　国务院商务主管部门会同国务院有关部门建立对外劳务合作风险监测和评估机制，及时发布有关国家或者地区安全状况的评估结果，提供预警信息，指导对外劳务合作企业做好安全风险防范；有关国家或者地区安全状况难以保障劳务人员人身安全的，对外劳务合作企业不得组织劳务人员赴上述国家或者地区工作。

第三十二条　国务院商务主管部门会同国务院统计部门建立对外劳务合作统计制度，及时掌握并汇总、分析对外劳务合作发展情况。

第三十三条　国家财政对劳务人员培训给予必要的支持。

国务院商务主管部门会同国务院人力资源社会保障部门应当加强对劳务人员培训的指导和监督。

第三十四条　县级以上地方人民政府根据本地区开展对外劳务合作的实际情况，按照国务院商务主管部门会同国务院有关部门的规定，组织建立对外劳务合作服务平台（以下简称服务平台），为对外劳务合作企业和劳务人员无偿提供相关服务，鼓励、引导对外劳务合作企业通过服务平台招收劳务人员。

国务院商务主管部门会同国务院有关部门应当加强对服务平台运行的指导和监督。

第三十五条　中国驻外使馆、领馆为对外劳务合作企业了解国外雇主和用工项目的情况以及用工项目所在国家或者地区的法律提供必要的协助，依据职责维护对外劳务合作企业和劳务人员在国外的正当权益，发现违反本条例规定的行为及时通报国务院商务主管部门和有关省、自治区、直辖市人民政府。

劳务人员可以合法、有序地向中国驻外使馆、领馆反映相关诉求，不得干扰使馆、领馆正常工作秩序。

第三十六条 国务院有关部门、有关县级以上地方人民政府应当建立健全对外劳务合作突发事件预警、防范和应急处置机制，制定对外劳务合作突发事件应急预案。

对外劳务合作突发事件应急处置由组织劳务人员赴国外工作的单位或者个人所在地的省、自治区、直辖市人民政府负责，劳务人员户籍所在地的省、自治区、直辖市人民政府予以配合。

中国驻外使馆、领馆协助处置对外劳务合作突发事件。

第三十七条 国务院商务主管部门会同国务院有关部门建立对外劳务合作不良信用记录和公告制度，公布对外劳务合作企业和国外雇主不履行合同约定、侵害劳务人员合法权益的行为，以及对对外劳务合作企业违法行为的处罚决定。

第三十八条 对违反本条例规定组织劳务人员赴国外工作，以及其他违反本条例规定的行为，任何单位和个人有权向商务、公安、工商行政管理等有关部门举报。接到举报的部门应当在职责范围内及时处理。

国务院商务主管部门会同国务院公安、工商行政管理等有关部门，建立健全相关管理制度，防范和制止非法组织劳务人员赴国外工作的行为。

第五章　法律责任

第三十九条 未依法取得对外劳务合作经营资格，从事对外劳务合作的，由商务主管部门提请工商行政管理部门依照《无照经营查处取缔办法》的规定查处取缔；构成犯罪的，依法追究刑事责任。

第四十条 对外劳务合作企业有下列情形之一的，由商务主管部门吊销其对外劳务合作经营资格证书，有违法所得的予以没收：

（一）以商务、旅游、留学等名义组织劳务人员赴国外工作；

（二）允许其他单位或者个人以本企业的名义组织劳务人员赴国外工作；

（三）组织劳务人员赴国外从事与赌博、色情活动相关的工作。

第四十一条 对外劳务合作企业未依照本条例规定缴存或者补足备用金的，由商务主管部门责令改正；拒不改正的，吊销其对外劳务合作经营资格证书。

第四十二条 对外劳务合作企业有下列情形之一的，由商务主管部门责令改正；拒不改正的，处5万元以上10万元以下的罚款，并对其主要负责人处1万元以上3万元以下的罚款：

（一）未安排劳务人员接受培训，组织劳务人员赴国外工作；

（二）未依照本条例规定为劳务人员购买在国外工作期间的人身意外伤害保险；

（三）未依照本条例规定安排随行管理人员。

第四十三条 对外劳务合作企业有下列情形之一的，由商务主管部门责令改正，处10万元以上20万元以下的罚款，并对其主要负责人处2万元以上5万元以下的罚款；在国外引起重大劳务纠纷、突发事件或者造成其他严重后果的，吊销其对外劳务合作经营资格证书：

（一）未与国外雇主订立劳务合作合同，组织劳务人员赴国外工作；

（二）未依照本条例规定与劳务人员订立服务合同或者劳动合同，组织劳务人员赴国外工作；

（三）违反本条例规定，与未经批准的国外雇主或者与国外的个人订立劳务合作合同，组织劳务人员赴国外工作；

（四）与劳务人员订立服务合同或者劳动合同，隐瞒有关信息或者提供虚假信息；

（五）在国外发生突发事件时不及时处理；

（六）停止开展对外劳务合作，未对其派出的尚在国外工作的劳务人员作出安排。

有前款第四项规定情形，构成犯罪的，依法追究刑事责任。

第四十四条 对外劳务合作企业向与其订立服务合同的劳务人员收取服务费不符合国家有关规定，或者向劳务人员收取押金、要求劳务人员提供财产担保的，由价格主管部门依照有关价格的法律、行政法规的规定处罚。

对外劳务合作企业向与其订立劳动合同的劳务人员收取费用的，依照《中华人民共和国劳动合同法》的规定处罚。

第四十五条 对外劳务合作企业有下列情形之一的，由商务主管部门责令改正；拒不改正的，处 1 万元以上 2 万元以下的罚款，并对其主要负责人处 2000 元以上 5000 元以下的罚款：

（一）未将服务合同或者劳动合同、劳务合作合同副本以及劳务人员名单报商务主管部门备案；

（二）组织劳务人员出境后，未将有关情况向中国驻用工项目所在国使馆、领馆报告，或者未依照本条例规定将随行管理人员名单报负责审批的商务主管部门备案；

（三）未制定突发事件应急预案；

（四）停止开展对外劳务合作，未将其对劳务人员的安排方案报商务主管部门备案。

对外劳务合作企业拒不将服务合同或者劳动合同、劳务合作合同副本报商务主管部门备案，且合同未载明本条例规定的必备事项，或者在合同备案后拒不按照商务主管部门的要求补正合同必备事项的，依照本条例第四十三条的规定处罚。

第四十六条 商务主管部门、其他有关部门在查处违反本条例行为的过程中，发现违法行为涉嫌构成犯罪的，应当依法及时移送司法机关处理。

第四十七条 商务主管部门和其他有关部门的工作人员，在对外劳务合作监督管理工作中有下列行为之一的，依法给予处分；构成犯罪的，依法追究刑事责任：

（一）对不符合本条例规定条件的对外劳务合作经营资格申请

予以批准；

（二）对外劳务合作企业不再具备本条例规定的条件而不撤销原批准；

（三）对违反本条例规定组织劳务人员赴国外工作以及其他违反本条例规定的行为不依法查处；

（四）其他滥用职权、玩忽职守、徇私舞弊，不依法履行监督管理职责的行为。

第六章 附 则

第四十八条 有关对外劳务合作的商会按照依法制定的章程开展活动，为成员提供服务，发挥自律作用。

第四十九条 对外承包工程项下外派人员赴国外工作的管理，依照《对外承包工程管理条例》以及国务院商务主管部门、国务院住房城乡建设主管部门的规定执行。

外派海员类（不含渔业船员）对外劳务合作的管理办法，由国务院交通运输主管部门根据《中华人民共和国船员条例》以及本条例的有关规定另行制定。

第五十条 组织劳务人员赴香港特别行政区、澳门特别行政区、台湾地区工作的，参照本条例的规定执行。

第五十一条 对外劳务合作企业组织劳务人员赴国务院商务主管部门会同国务院外交等有关部门确定的特定国家或者地区工作的，应当经国务院商务主管部门会同国务院有关部门批准。

第五十二条 本条例施行前按照国家有关规定经批准从事对外劳务合作的企业，不具备本条例规定条件的，应当在国务院商务主管部门规定的期限内达到本条例规定的条件；逾期达不到本条例规定条件的，不得继续从事对外劳务合作。

第五十三条 本条例自2012年8月1日起施行。

附 录

对外劳务合作风险处置备用金
管理办法（试行）

中华人民共和国商务部、财政部令
2014 年第 2 号

《对外劳务合作风险处置备用金管理办法（试行）》已经 2014 年 1 月 21 日商务部第 13 次部务会议审议通过，并经财政部同意，现予发布，自 2014 年 8 月 17 日起施行。

商务部部长
财政部部长
2014 年 7 月 18 日

第一章 总 则

第一条 为规范对外劳务合作企业的经营行为，保障外派劳务人员合法权益，根据《对外劳务合作管理条例》，制定本办法。

第二条 对外劳务合作风险处置备用金（以下简称备用金）是指对外劳务合作企业缴存，用于《对外劳务合作管理条例》第十条所规定使用范围的专用资金。

第三条 对外劳务合作企业缴存备用金的银行，由负责对外劳务合作经营资格审批的商务主管部门（以下简称商务主管部门）

会同同级财政部门指定。

第四条 商务主管部门和财政部门应根据本地区对外劳务合作企业数量和外派劳务规模等实际情况,在本行政区域内择优指定一家或多家信用等级良好、服务水平优良,并承诺按照要求提供相关服务的银行作为备用金缴存银行。

第五条 对外劳务合作企业应到指定银行办理备用金缴存和取款手续。

第二章 备用金的缴存

第六条 对外劳务合作企业应当自获得对外劳务合作经营资格并在工商行政管理部门登记之日起5个工作日内,在指定银行缴存备用金。

第七条 备用金缴存标准为300万元人民币,以现金或等额银行保函形式缴存。

第八条 对外劳务合作企业以现金形式缴存备用金的,需持《营业执照》副本和《对外劳务合作经营资格证书》到指定银行开设专门账户并办理存款手续。缴存备用金的对外劳务合作企业应与指定银行签订《对外劳务合作风险处置备用金存款协议书》,并将复印件送商务主管部门备案。

第九条 备用金本金和利息归对外劳务合作企业所有,对外劳务合作企业可自由提取和使用备用金利息。

第十条 对外劳务合作企业以银行保函形式缴存备用金的,由指定银行出具受益人为商务主管部门的不可撤销保函,保证在发生《对外劳务合作管理条例》第十条规定使用情形时履行担保责任。对外劳务合作企业应在其对外劳务合作经营资格存续期间提供有效的保函,保函有效期至少为两年。商务主管部门应在保函到期前一个月提醒对外劳务合作企业延长保函的有效期。保函正本由商务主管部门保存。

第十一条 商务主管部门应当将缴存备用金的对外劳务合作企业名单向社会公布。

第三章 备用金的使用

第十二条 对外劳务合作企业拒绝或无力承担违反国家规定收取应退还给劳务人员的服务费或按照约定应向劳务人员支付的劳动报酬的，在劳务人员向商务主管部门投诉并提供相关合同以及收费凭证或者工资凭条等证据后，商务主管部门应书面通知对外劳务合作企业在5个工作日内退还或支付劳务人员有关费用。

对外劳务合作企业在规定时间内未退还或支付有关费用的，商务主管部门应做出使用备用金的决定并书面通知有关对外劳务合作企业和指定银行，同时出具《对外劳务合作风险处置备用金取款通知书》（以下简称《取款通知书》）。指定银行根据书面通知和《取款通知书》，从备用金中将相应数额的款项以现金或转账方式支付给商务主管部门指定的劳务人员。

第十三条 对外劳务合作企业拒绝或无力承担依法应向劳务人员支付的劳动报酬或赔偿劳务人员的损失所需费用的，商务主管部门凭人民法院判决、裁定及其他生效法律文书使用备用金。

第十四条 对外劳务合作企业拒绝或无力承担因发生突发事件，劳务人员回国或接受紧急救助所需费用的，商务主管部门应向对外劳务合作企业提供发生劳务人员回国或接受紧急救助所发生的费用证明，并书面通知对外劳务合作企业在5个工作日内支付有关费用。

对外劳务合作企业在规定时间内未支付有关费用的，商务主管部门应做出使用备用金的决定，并书面通知有关对外劳务合作企业和指定银行，同时出具《取款通知书》。指定银行根据书面通知和《取款通知书》，从备用金中将相应数额的款项以现金或转账方式支付给商务主管部门指定的人员或单位。

第十五条 提供保函的指定银行应在收到书面通知和《取款通知书》5个工作日内，履行担保责任。

第十六条 备用金使用后，对外劳务合作企业应当自使用之日起20个工作日内将备用金补足到300万元人民币。

第十七条 对外劳务合作企业停止开展对外劳务合作的,应当对其派出的尚在国外工作的劳务人员做出妥善安排,并将安排方案连同 2 年内有效的备用金缴存凭证或者保函报商务主管部门备案。

对外劳务合作企业自备案之日起 2 年内未发生针对其的劳务纠纷投诉或者诉讼的,商务主管部门应出具书面通知和《取款通知书》,指定银行根据书面通知和《取款通知书》,退还其缴存的备用金或允许其撤销保函。

第十八条 指定银行应每季度分别向对外劳务合作企业和商务主管部门提供备用金存款对账单。

第十九条 对外劳务合作企业对商务主管部门使用备用金的决定持有异议的,可以依法申请行政复议或者向人民法院提起行政诉讼。

第四章 备用金的管理

第二十条 备用金实行专款专用。

第二十一条 对外劳务合作企业未依据《对外劳务合作管理条例》和本办法规定缴存或者补足备用金的,商务主管部门责令其在备用金应缴存或补足之日起一个月内改正;拒不改正的,吊销其对外劳务合作经营资格证书。

第二十二条 备用金由商务主管部门负责使用、管理,同级财政部门负责监督,并接受审计部门的审计。

第五章 附 则

第二十三条 对外承包工程企业备用金缴存标准暂为 20 万元人民币。缴存和使用依照《对外承包工程管理条例》及本办法相关规定执行。

第二十四条 本办法施行前从事对外劳务合作经营的企业,如不再从事对外劳务合作经营的,应向商务主管部门、财政部门申请退还备用金;如继续从事对外劳务合作经营的,应按照《对外劳务合作管理条例》和本办法的有关规定及时缴存备用金。未取得对外劳务合作经营资格或未及时缴存备用金的,分别按照《对外劳务合作管理条例》第三十九条和第四十一条有关规定处理。

第二十五条 本办法由商务部会同财政部负责解释。

第二十六条 本办法自 2014 年 8 月 17 日起施行,2001 年 11 月 27 日原对外贸易经济合作部、财政部发布的《对外劳务合作备用金暂行办法》(原对外贸易经济合作部 财政部二〇〇一年第 7 号令)及其补充规定同时废止。

劳动保护有关政策法规

关于加强乡镇企业劳动保护工作的规定

劳人护〔1987〕23号

第一条　为保障乡镇企业职工的安全健康，防止职业危害，促进生产建设的发展，根据国家有关劳动保护法规的规定，特制定本规定。

第二条　本规定适用于一切乡镇企业（包括乡、镇、村办的企业，农民联营的合作企业，其他形式的合作企业和个体企业）。

乡镇矿山企业的劳动保护，按照国务院有关规定执行。

第三条　乡镇企业劳动保护工作，在各级人民政府的领导下，由企业主管部门管理，劳动部门负责监察和业务指导。

第四条　乡镇企业必须认真贯彻执行国家和地方的劳动保护法规，贯彻"安全第一，预防为主"的方针，采取有效的技术措施和组织措施，防止伤亡事故和职业病。

第五条　乡镇企业的领导者对劳动保护工作应全面负责，执行"管生产必须管安全"的原则。企业实行的各种经营承包责任制，必须有劳动保护的内容。

第六条　乡镇企业主管部门应建立安全管理机构或配备专职安全管理干部，管理乡镇企业的劳动保护工作。乡镇企业应根据生产需要，配备专职或兼职的安全管理人员。企业的车间、班组应有兼职安全员，协助行政领导做好劳动保护工作。

第七条 安全管理机构要贯彻执行劳动保护法规，组织研究改善劳动条件的措施，制订劳动保护管理办法、安全生产责任制和安全操作规程，组织安全生产检查，做好伤亡事故的统计、分析和报告工作。

第八条 乡镇企业安全管理人员应经常进行现场检查，督促企业及有关部门消除事故隐患，制止违章指挥和违章作业。遇有危及职工生命安全的险情时，有权先停止作业，再报告领导处理。

第九条 职工必须应严格遵守劳动保护法规和安全生产的各项规定。职工有权拒绝违章指挥；险情特别严重时，有权停止作业，采取紧急防范措施；对漠视职工安全健康的领导者，有权批评、检举、控告。

第十条 有易燃、易爆和尘毒危害作业的新建、乡镇企业，由建设单位提出申请书（包括产品种类、生产规模、生产工艺、初步设计、安全卫生设施和企业负责人等），经县主管部门、劳动部门和公安部门审批。安全卫生工程设施必须与主体工程同时设计、同时施工、同时投产。

第十一条 乡镇企业劳动场所应符合以下要求：

（一）劳动场所布局合理，要有足够的采光、照明。在坑、壕、池、走台、升降口等处，应有安全设施和明显的安全标志。

（二）生产、试验、运输、贮存和使用易燃易爆物品，应符合国家法规和标准的要求，并设置防爆、防火的安全设施和有应急的措施。

（三）使用易挥发性有毒害物品和产生粉尘的劳动场所，应有良好的通风和防护设施。

第十二条 各种设备的安全装置应齐全、有效，并建立检查、维修、保养制度。

各种冲压、锯、刨等设备的危险部位及各种机械设备传动、转动装置的外露部分，必须有安全防护装置。

电气设备和线路、锅炉、压力容器、起重机械、运输工具、物料输送设备，必须符合国家有关安全规定。报废的锅炉、压力容器严禁作承压设备使用。

第十三条 尘毒危害严重的乡镇企业，要结合技术改造，限期改善劳动条件。确实无法解决的，企业主管部门要采取关、停、并、转措施。

第十四条 乡镇企业在承接尘毒危害严重的产品加工或作业时，必须具备有效的安全卫生工程防护措施，保障职工的安全健康。

第十五条 没有取得锅炉、压力容器生产许可证的乡镇企业，不准制造锅炉、压力容器。锅炉安装，大型和三类压力容器的组装单位应经劳动部门批准。

第十六条 乡镇企业应筹集安全技术措施资金，用于安全卫生工程设施和改善劳动条件，并保证专款专用。

第十七条 乡镇企业必须为职工配备符合国家标准的防护用品用具，并教育工人正确使用。

第十八条 乡镇企业及其主管部门和劳动部门应有计划、有组织地进行安全卫生教育与技术培训。

（一）乡镇企业主管部门和劳动部门应对企业的负责人进行安全技术教育和培训。

（二）乡镇企业必须经常对职工进行安全教育。对新进厂人员，应进行厂、车间、班组三级安全教育；职工变换工种时，必须进行相应的安全技术知识教育，经考核合格者，方准上岗位操作。

（三）对电气、起重、锅炉、焊接等特种作业的工人，必须进行专业训练，并经县以上（含县）劳动部门（或委托其主管部门）考核合格发证后，方准独立操作。

第十九条 严禁乡镇企业招用未满十六周岁的少年、儿童。对不满十八周岁的未成年工和在妊娠、哺乳期的女职工，不得安排其从事有毒有害作业和繁重的体力劳动。

第二十条 乡镇企业发生职工伤亡事故,要按国务院《工人职员伤亡事故报告规程》的规定执行。锅炉压力容器发生事故时,要按劳动人事部《锅炉压力容器事故报告办法》的规定执行。

第二十一条 乡镇企业违反劳动保护法规时,要限期整改。逾期不改或造成重大伤亡事故的,劳动部门要给予处罚,直至提交工商管理部门吊销营业执照;触犯刑律的,移交司法部门依法惩处。

第二十二条 各省、自治区、直辖市、劳动部门和乡镇企业管理部门可根据本规定,制定具体实施办法。

第二十三条 本规定由劳动人事部和农牧渔业部共同负责解释。

第二十四条 本规定自一九八七年十月一日起施行。

劳动保护科学技术进步奖励办法

(1990年6月6日劳动部发布)

第一章 奖励目的

第一条 为奖励在劳动保护科学技术进步中做出较大贡献的集体和个人,充分发挥广大科技人员的积极性、创造性,根据《中华人民共和国科学技术进步奖励条例》,特制定本办法。

第二章 奖励范围

第二条 本办法适用于各级劳动部门从事职业安全卫生、矿山安全卫生、锅炉压力容器安全等方面科学技术工作的集体和个人,以及受劳动部门委托承担上述工作的集体和个人。

第三条 符合下列条件之一者,可申请劳动保护科学技术

进步奖:

(一) 在改善劳动条件、保证安全生产、防止职业危害、提高安全检测技术等方面新的应用科学技术成果(包括新产品、新技术、新工艺、新材料、新设计等),属于国内首创的、本行业先进的,而且经实践证明是有效的;

(二) 在推广、应用已有的劳动保护科学技术成果工作中,做出创造性贡献并取得显著效果的;

(三) 在工程建设、设备研制和技术改造中,采用新技术,对劳动保护做出创造性贡献并取得显著效果的;

(四) 在技术标准、计量、科学技术情报等工作中,对劳动保护做出创造性贡献并取得显著效果的;

(五) 经实践证明能有效地指导或应用于科学管理、生产实践的劳动保护软科学项目。

技术标准、软科学类成果,要用具体事例说明采用的技术措施是最佳的,方法是先进的,并指明其创造性的贡献。

此类成果应在发布并实施一年后,经实践验证其使用效果,由使用单位验收或接收并出具证明后再申报。

已获得省(部委)级以上科技奖励的项目,不得申报。

第三章 奖励标准

第四条 劳动保护科学技术进步奖从以下三个方面综合评定:
(一) 科学技术水平和技术难度;
(二) 经济效益和社会效益;
(三) 推动科技进步的作用。

奖励分为四等,并发给相应的荣誉证书、奖状和奖金。

奖励等级 荣誉奖 奖金
一等 一等奖荣誉证书、奖状 五千元
二等 二等奖荣誉证书、奖状 三千元
三等 三等奖荣誉证书、奖状 二千元
四等 四等奖荣誉证书、奖状 一千元

一等奖项目应达到或接近同类项目的国际先进水平,技术难度大,推动科技进步的作用很大,并取得重大的经济效益或社会效益。

二等奖项目应是同类项目的国内先进水平,技术难度较大,推动科技进步的作用显著,并取得很大的经济效益或社会效益。

三等奖项目应是本系统同类项目的最先进水平,技术难度大,推动科技进步的作用较大,并取得较大的经济效益或社会效益。

四等奖项目应是本系统同类项目的较先进水平,在某些方面技术难度大,在局部范围和一定程度上推动科技进步作用明显,并取得一定的经济效益和社会效益。

第五条　对获得一、二等奖的项目,部科学技术进步奖评审委员会可以择优申报国家级科学技术进步奖。

对社会主义现代化建设有特殊贡献的科学技术进步项目,经部科学技术委员会推荐申报国家特等奖。

第六条　劳动保护科学技术进步奖获得者的事迹应记入本人档案,并作为考核、晋升、评审专业技术职务的主要依据之一。

第四章　主要完成人和主要完成单位

第七条　申报项目的主要完成人是指对该项目完成做出创造性贡献的主要人员。

符合下列条件之一者可作为申报项目的主要完成人:

(一)提出和确定项目总体方案设计;

(二)在研制过程中直接参与并对关键技术和疑难问题的解决做出重要贡献;

(三)直接参与并解决在投产、应用或推广过程中的重要技术难点。

第八条　科技进步奖的奖励对象主要是在科研、生产实际工作第一线做出直接贡献的人员。

各级领导干部确曾参加了某项课题的研究,并符合第七条规定,亦可作为该项目的主要完成人之一参加申报奖励,但在申报书内应附详细材料,说明其所做的技术贡献,并由申报单位出具证明，本人签字，方可生效。

第九条 申报项目的主要完成单位是指该项目主要完成人所在的基层单位，该单位在该项目研制、投产、应用或推广的全过程中提供技术、经费和设备等条件，对该项目的完成起到了重要的作用。县级以上（含县级）的政府部门一般不作为主要完成单位参加申报。

第五章 申报手续

第十条 项目申报需使用劳动部劳动保护科学技术进步奖评审委员会制订的《劳动保护科学技术进步奖申报书》，并按其《填写说明》认真填写。

第十一条 劳动保护科学技术进步奖的申报项目，应由完成单位报送任务下达单位，并逐级上报、由省、自治区、直辖市、计划单列市劳动厅（局），国务院各有关部委劳动人事司（局）统一归口汇总报劳动部。

若完成单位与任务下达单位无行政隶属关系，则完成单位应同时抄报本单位的行政隶属部门。

几个单位共同完成的项目，由主持单位组织联合上报；若其中某个单项符合本办法第三条规定的，也可单独上报。

第十二条 各申报部门和基层申报单位应做好审查工作。项目内容必须符合本办法第三条规定；一等奖、二等奖申报书要一式六份，三等奖、四等奖申报书要一式三份；材料附件要齐全并装订成册。申报部门和基层申报单位对项目奖励等级的推荐意见，应符合本办法第四条的规定。

第十三条 申报劳动保护科学技术进步奖需交纳评审费。申报一等奖，评审费200元；申报二等奖，评审费150元；申报三、四等奖，评审费100元。

不论申报项目获奖与否，评审费一律不退。

第六章 审批程序

第十四条 劳动保护科学技术进步奖的评审工作，由劳动部劳动保护科学技术进步奖评审委员会负责。

劳动保护科学技术进步奖评审委员会委托中国劳动保护科学技术学会秘书处负责评奖的日常工作，并组织有关专家成立若干专业评审组，预审、审定及推荐申报项目。

第十五条　专业评审组分别由中国劳动保护科学技术学会的各专业委员会组成。每个专业评审组设五至七名评审委员。评审委员由具有高级以上技术职称的该专业专家担任，并报劳动部劳动保护科学技术进步奖评审委员会核准。评审时，根据项目需要，还可再聘任部分临时评审委员。

第十六条　专业评审组秘书负责完成预审工作。

（一）申报项目是否符合本办法第三条规定及本专业组的评审范围，申报项目是否获得过其他省（部委）级科技进步奖励。

（二）申报书是否按《填写说明》认真填写并报齐应有的附件；主要完成人和主要完成单位是否符合本办法第四章的规定。

（三）对申报项目的实质性内容有疑问时，须与申报部门协商。对其中重大项目，必要时应组织实地考察或采取其他形式调查。

对上述预审结果应写出书面意见，提交本专业组评审，或经中国劳动保护科学技术学会转交其他专业评审组，或回复该项目的申报部门。

第十七条　专业评审组负责审定、推荐部劳动保护科学技术进步奖励项目。

（一）各专业评审组应对每个申报项目确定三名以上主要审查人员（以下简称主审员），在评审会前熟悉该申报项目的材料，并写出书面评审意见。

（二）评审会由主审员介绍该项目有关情况，评审委员对申报项目进行评审。

评审委员为项目主要完成人的，在讨论和表决该项目时，应回避，不计入评审会应到人数。

（三）专业评审组认为必要时，可要求申报一等奖项目的主要完成人在评审会上介绍该项目的主要技术原理和关键技术措施，回答评审委员提出的有关问题。

（四）评审项目采取无记名投票，经专业评审组全体委员半数以上同意的三、四等奖励项目方可生效，一、二等奖励项目方可向部劳动保护科学技术进步奖评审委员会推荐。

（五）专业评审组在申报书中填写审定或推荐意见时，应说明审定或推荐意见的理由和建议奖励等级的理由。

各专业评审组对申报项目的审定、推荐意见，由中国劳动保护科学技术学会汇总后，报劳动部劳动保护科学技术进步奖评审委员会核准、审批。

第十八条 劳动部劳动保护科学技术进步奖评审委员会核准、审批劳动保护科学技术进步奖项目，按评审委员会章程办理。

第七章 奖金分配

第十九条 劳动保护科学技术进步奖的奖金，根据贡献大小合理分配。获奖单位应将奖金分配结果报部科学技术委员会办公室备案。

获奖项目的奖金不得重复发放。凡已获得过奖励的项目，在依本办法奖励时，其奖金只补发差额部分。

第二十条 劳动保护科学技术进步奖的奖金由劳动部科学事业费列支。

第八章 项目争议的处理

第二十一条 劳动保护科学技术进步获奖项目发生争议时，按下述办法处理。

（一）对获奖项目有争议的，应采用书面形式提出，指出项目名称、获奖等级、主要完成单位和主要完成人，写明自己的真实姓名、工作单位、联系地址和电话等（如需保密，请注明），否则不予受理。提出人应如实反映情况和申诉理由、实事求是地提出自己的意见，必要时应附上有关证明材料等。对诬告他人者，经调查核实，证据确凿，应追究法律责任。

（二）有关单位接到争议函件后，应及时将争议意见通知对方，限一个月内提出申诉。如在限期内不作答复，即为弃权。与争议问题有关的任何一方，均需按照处理争议单位的要求，及时如实地提供有关争议的旁证和补充材料。

（三）凡涉及项目主要完成单位、主要完成人或名次排列的争议问题，应在项目公布后两个月内，由申报部门负责处理，并将结果报劳动部劳动保护科学技术进步奖评审委员会审核、备案。

（四）凡涉及获奖项目是否达到奖励条件和奖励等级，或是否有弊端等实质性问题的争议，由申报部门提出处理意见，报专业评审组复议，由中国劳动保护科学技术学会将专业评审组处理意见报劳动部劳动保护科学技术进步奖评审委员会裁决。

（五）项目公布后二个月内争议尚未处理完毕的，取消该项目获奖资格，待争议处理完毕后，可按新项目重新申报。

（六）项目主要完成人认为该项目获奖等级低，可以撤回，参加下一届奖励申报。

（七）劳动部劳动保护科学技术进步奖评审委员会对争议有最终裁决权。

第二十二条 发现获奖项目弄虚作假或剽窃他人成果的，可向申报部门提出，由申报部门负责调查核实，若证据确凿，报送中国劳动保护科学技术学会，由该学会提出处理意见，经劳动部劳动保护科学技术进步奖评审委员会批准后，撤消奖励，追回荣誉证书、奖状及奖金，并按情节轻重给予批评或建议有关单位给予处分。

第九章 附 则

第二十三条 劳动保护科学技术进步奖一般隔年评选一次。项目申报工作可随时进行，评奖年度每年六月底截止当年度评奖项目的申报。经批准的获奖项目，于当年第四季度在报刊上公布。自公布之日起两个月内，如有异议，按本办法第八章处理；如无异议，或争议处理后即行授奖。

第二十四条 本办法由劳动部负责解释。

第二十五条 本办法自颁发之日起施行。

职业病分类和目录

国卫疾控发〔2013〕48号

一、职业性尘肺病及其他呼吸系统疾病

（一）尘肺病

1. 矽肺

2. 煤工尘肺

3. 石墨尘肺

4. 碳黑尘肺

5. 石棉肺

6. 滑石尘肺

7. 水泥尘肺

8. 云母尘肺

9. 陶工尘肺

10. 铝尘肺

11. 电焊工尘肺

12. 铸工尘肺

13. 根据《尘肺病诊断标准》和《尘肺病理诊断标准》可以诊断的其他尘肺病

（二）其他呼吸系统疾病

1. 过敏性肺炎

2. 棉尘病

3. 哮喘

4. 金属及其化合物粉尘肺沉着病（锡、铁、锑、钡及其化合物等）

5. 刺激性化学物所致慢性阻塞性肺疾病

6. 硬金属肺病

二、职业性皮肤病

1. 接触性皮炎

2. 光接触性皮炎

3. 电光性皮炎

4. 黑变病

5. 痤疮

6. 溃疡

7. 化学性皮肤灼伤

8. 白斑

9. 根据《职业性皮肤病的诊断总则》可以诊断的其他职业性皮肤病

三、职业性眼病

1. 化学性眼部灼伤

2. 电光性眼炎

3. 白内障（含放射性白内障、三硝基甲苯白内障）

四、职业性耳鼻喉口腔疾病

1. 噪声聋

2. 铬鼻病

3. 牙酸蚀病

4. 爆震聋

五、职业性化学中毒

1. 铅及其化合物中毒（不包括四乙基铅）

2. 汞及其化合物中毒

3. 锰及其化合物中毒

4. 镉及其化合物中毒

5. 铍病

6. 铊及其化合物中毒

7. 钡及其化合物中毒

8. 钒及其化合物中毒

9. 磷及其化合物中毒

10. 砷及其化合物中毒
11. 铀及其化合物中毒
12. 砷化氢中毒
13. 氯气中毒
14. 二氧化硫中毒
15. 光气中毒
16. 氨中毒
17. 偏二甲基肼中毒
18. 氮氧化合物中毒
19. 一氧化碳中毒
20. 二硫化碳中毒
21. 硫化氢中毒
22. 磷化氢、磷化锌、磷化铝中毒
23. 氟及其无机化合物中毒
24. 氰及腈类化合物中毒
25. 四乙基铅中毒
26. 有机锡中毒
27. 羰基镍中毒
28. 苯中毒
29. 甲苯中毒
30. 二甲苯中毒
31. 正己烷中毒
32. 汽油中毒
33. 一甲胺中毒
34. 有机氟聚合物单体及其热裂解物中毒
35. 二氯乙烷中毒
36. 四氯化碳中毒
37. 氯乙烯中毒
38. 三氯乙烯中毒
39. 氯丙烯中毒

40. 氯丁二烯中毒

41. 苯的氨基及硝基化合物（不包括三硝基甲苯）中毒

42. 三硝基甲苯中毒

43. 甲醇中毒

44. 酚中毒

45. 五氯酚（钠）中毒

46. 甲醛中毒

47. 硫酸二甲酯中毒

48. 丙烯酰胺中毒

49. 二甲基甲酰胺中毒

50. 有机磷中毒

51. 氨基甲酸酯类中毒

52. 杀虫脒中毒

53. 溴甲烷中毒

54. 拟除虫菊酯类中毒

55. 铟及其化合物中毒

56. 溴丙烷中毒

57. 碘甲烷中毒

58. 氯乙酸中毒

59. 环氧乙烷中毒

60. 上述条目未提及的与职业有害因素接触之间存在直接因果联系的其他化学中毒

六、物理因素所致职业病

1. 中暑

2. 减压病

3. 高原病

4. 航空病

5. 手臂振动病

6. 激光所致眼（角膜、晶状体、视网膜）损伤

7. 冻伤

七、职业性放射性疾病

1. 外照射急性放射病

2. 外照射亚急性放射病

3. 外照射慢性放射病

4. 内照射放射病

5. 放射性皮肤疾病

6. 放射性肿瘤（含矿工高氡暴露所致肺癌）

7. 放射性骨损伤

8. 放射性甲状腺疾病

9. 放射性性腺疾病

10. 放射复合伤

11. 根据《职业性放射性疾病诊断标准（总则）》可以诊断的其他放射性损伤

八、职业性传染病

1. 炭疽

2. 森林脑炎

3. 布鲁氏菌病

4. 艾滋病（限于医疗卫生人员及人民警察）

5. 莱姆病

九、职业性肿瘤

1. 石棉所致肺癌、间皮瘤

2. 联苯胺所致膀胱癌

3. 苯所致白血病

4. 氯甲醚、双氯甲醚所致肺癌

5. 砷及其化合物所致肺癌、皮肤癌

6. 氯乙烯所致肝血管肉瘤

7. 焦炉逸散物所致肺癌

8. 六价铬化合物所致肺癌

9. 毛沸石所致肺癌、胸膜间皮瘤

10. 煤焦油、煤焦油沥青、石油沥青所致皮肤癌

11. β-萘胺所致膀胱癌

十、其他职业病

1. 金属烟热
2. 滑囊炎（限于井下工人）
3. 股静脉血栓综合征、股动脉闭塞症或淋巴管闭塞症（限于刮研作业人员）

用人单位职业病危害防治八条规定

国家安全生产监督管理总局令
第76号

《用人单位职业病危害防治八条规定》已经2015年3月23日国家安全生产监督管理总局局长办公会议审议通过，现予公布，自公布之日起施行。

国家安全生产监督管理总局
2015年3月24日

一、必须建立健全职业病危害防治责任制，严禁责任不落实违法违规生产。

二、必须保证工作场所符合职业卫生要求，严禁在职业病危害超标环境中作业。

三、必须设置职业病防护设施并保证有效运行，严禁不设置不使用。

四、必须为劳动者配备符合要求的防护用品，严禁配发假冒伪劣防护用品。

五、必须在工作场所与作业岗位设置警示标识和告知卡，严禁隐瞒职业病危害。

六、必须定期进行职业病危害检测，严禁弄虚作假或少检漏检。

七、必须对劳动者进行职业卫生培训，严禁不培训或培训不合格上岗。

八、必须组织劳动者职业健康检查并建立监护档案，严禁不体检不建档。

附 录

邮电女职工劳动保护规定实施细则

(1991年6月3日邮电部发布)

第一条 为维护女职工的合法权益,减少和解决女职工在通信生产和工作中因生理特点造成的特殊困难,保护女职工的安全和健康,促进邮电通信事业的发展,根据国务院《女职工劳动保护规定》和国家有关女工保护法令、规定,结合邮电实际,制定本实施细则。

第二条 本细则适用于全国邮电企业、事业单位。集体所有制单位参照执行。

第三条 凡适合妇女从事生产劳动的单位,不得拒绝招收女职工。

第四条 各单位必须严格执行上级有关劳动保护的法规和政策,不得在女职工怀孕期、产期、哺乳期降低其基本工资、停薪或解除劳动合同,不得以女职工上述生理特点为由,将其转为待聘、编余人员或辞退。

第五条 在优化劳动组合中,对那些劳动态度好、业务熟练、遵章守纪,能够完成正常生产任务的女职工,各单位应予组合。

第六条 禁止安排女职工从事电信线务高空作业、邮件押运工作,以及连续负重超过二十公斤,间断负重超过二十五公斤、国家规定的第四级体力劳动强度的劳动和对女性生理机构有特殊危害的其它女职工禁忌从事的劳动。

第七条 女职工在月经期间,所在单位不得安排从事高温、低温、低湿、冷水和国家规定的第三级体力劳动强度的劳动、经常接触超过国家规定的最高容许浓度的铅烟或烟尘及用纯苯作溶剂或原料的生产作业。

女职工因月经严重异常不能胜任原繁重体力劳动的，应根据医务部门证明，暂时调换轻便工作。女投递员和女卡车司机在月经期间反应较大的，可调做一至二天内勤工作。

第八条 对怀孕的女职工经常从事弯腰、攀高、下蹲、抬高和有毒有害、剧烈振动等作业，容易引起流产、早产的应暂时调换其它工作。

女职工怀孕期间，所在单位不得在正常劳动日以外延长劳动时间，对不能胜任原劳动的，应根据医务部门证明，予以减轻劳动量或安排其它劳动。

怀孕七个月以上的女职工，一般不得安排从事夜班劳动。在劳动时间内应当安排一定的休息时间并减少一定劳动量。

怀孕女职工在当班时间内进行产前检查，所需时间按出勤计算。

第九条 女职工怀孕流产时，应根据医务部门的证明，怀孕在两个月以内给予十五天产假；怀孕在两个月至三个月期间给予二十天产假；怀孕在三个月以上给予三十天产假；怀孕在四个月以上给予四十二天产假；怀孕在七个月以上给予九十天产假。产假期间，工资照发。

第十条 女职工怀孕，在本单位的医疗机构或者指定的医疗机构检查和分娩时，其检查费、接生费、手续费、住院费、药费由所在单位负责，费用由原医疗经费渠道开支。

第十一条 女职工产假为九十天，其中产前假十五天，难产的增加产假十五天，多胞胎生育的，每多生育一个婴儿增加产假十五天。教师符合计划生育规定的产假（含独生子女优待产假）正值寒暑假期间时，可顺延其休假时间，工资照发。女职工在休产假时，男职工可以二至四天的护理假，护理假期间待遇按公假处理。

符合晚育条件的女职工，除国家规定的产假外，所增产假可按地方政府计划生育有关规定执行。

第十二条 有不满一周岁婴儿的女职工，其所在单位应当在每班劳动时间内给予两次哺乳（含人工喂养）时间，每次三十分钟。多胞胎生育的，每多哺乳一个婴儿，每次哺乳时间增加三十分钟。女职工每班劳动时间内的两次哺乳时间，可以合并使用。哺乳时间和在本单位内哺乳的途中往返时间，算作劳动时间。

第十三条 女职工在哺乳期内，所在单位不得安排其从事有毒、有害、高温、低温以及国家规定的第三级体力劳动强度的劳动，不得延长劳动时间，一般不得安排其从事夜班劳动或安排加班加点。

第十四条 生产人员各项假期缺勤的备员，女职工一般按百分之八的比例计算，但县以上局的女投递员、女话务员备员，可按百分之十的比例计算。

第十五条 女职工集中的单位应当根据国家有关规定，逐步建立和完善女职工卫生室、孕妇休息室、哺乳室、托儿所、幼儿园等设施；女职工不足一百人的单位，应设置简易温水箱及冲洗器，也可发给个人自用冲洗器具，对保护女职工所需的经费应予保证。农村、偏远地区，没有条件设哺乳室、托儿所，女职工子女在五周岁以下，送局外入托，单位可酌情补助或报销一定的托儿费。

女职工劳动卫生费为每月四至六元。

第十六条 各单位应有计划地安排女职工每两年免费进行一次妇科病普查，四十五岁以上的女职工每年进行一次，对患病者及时给予治疗。对县或县级以上医疗机构确诊患更年期综合症的女职工，应给予照顾。

第十七条 各单位应根据女工人数多少配备专职或兼职人员负责女职工劳动保护工作，并根据女职工的生理特点和职业特点，对女职工进行安全卫生知识方面的教育。

第十八条 女职工劳动保护的权益受到侵害时，有权向所在单位主管部门或上级劳动部门提出申诉；上述部门应当自收到申诉书之日起三十日内作出处理决定；女职工对处理决定不服的，可以在收到处理决定书之日起十五日内向人民法院提起诉讼。

第十九条 对违反规定侵害女职工劳动保护权益的单位负责人及其直接责任人员，其所在单位的上级主管部门，应当根据情节的轻重，给予批评教育或行政处分，并责令该单位给予被侵害女职工合理的经济补偿；构成犯罪的，由司法机关依法追究刑事责任。

第二十条 各级劳动保护部门负责对本细则的执行情况进行检查。各级工会组织有权对本细则的执行进行监督。

第二十一条 女职工怀孕、生育等方面，涉及到计划生育政策的，按国家计划生育的有关规定处理。

第二十二条 本实施细则由邮电部劳动工资司负责解释。

第二十三条 本实施细则自一九九一年七月一日起实行。

公路养护职工劳动保护用品标准

(交人劳发〔1994〕786号)

为保障广大公路养护职工在劳动过程中的安全、健康,进一步调动公路养护职工的劳动积极性,稳定养护职工队伍,以适应公路事业发展的需要,根据《劳动法》的有关规定,特制定本标准。

一、制定公路养护职工劳动保护用品标准的原则

坚持从实际需要出发,本着安全、经济、实用的精神,参考其它有关行业劳动保护用品标准制定。

二、劳动保护用品发放范围

1. 从事国道、省道及干线公路养护工作的第一线工人(即直接参加公路养护生产作业的人员),包括国家固定工人、合同制工人、民工建勤常年代表工。

2. 县段(站)的公路养护生产管理人员、公路管理机构中直接进行公路养护生产管理的人员。

三、劳动保护用品种类和发放标准

具体分4类:

(一)冬装

1. 棉大衣,每4年1件;
2. 棉套装,每3年1套;
3. 防寒鞋,每3年1双;
4. 防寒帽,每3年1顶;
5. 防寒手套,每2年1付。

(二)春秋装

1. 春秋套装,每2年1套;
2. 劳保胶鞋,每1年1双。

(三)夏装

1. 夏季套装，第1年1套；
2. 汗衫，每1年2件。

（四）其他

1. 雨衣，每4年1件；
2. 雨鞋（靴），每4年1双；
3. 安全标志背心，每2年1件（首次发放为2件）；
4. 安全标志帽，每2年1顶（首次发放为2顶）；
5. 劳保手套，每月1付；
6. 口罩，每月1个。

四、使用说明

1. 高寒及海拔2500米以上地区可将冬装中的棉大衣改为皮大衣，使用年限为8年，其他寒冷地区根据需要可采取皮大衣集中管理使用的办法。

2. 不需发放冬装的地区可发放风衣，每4年1件。并可适当缩短春秋装、夏装的使用年限。

3. 劳保胶鞋可根据实际需要发放翻毛皮鞋，发放标准为2年1双。

4. 省、地（市）级养护生产管理机构人员只配发春秋套装、夏季套装、雨衣、劳保手套、安全标志帽、服，并适当延长使用时间。

5. 劳保用品价格参考市场价格。

五、劳动保护用品管理

1. 劳动保护用品中的服装式样、安全标志背心、安全标志帽的式样及颜色由交通部统一规定。

2. 各单位要加强劳动保护用品使用的管理，养护工人上岗作业必须按规定穿戴、使用，劳保用品不得以钱代物发放。

3. 养护职工离开公路养护工作单位，劳保用品使用年限未到期的应退还或由单位折价处理给本人。

4. 对于标准中未涉及的防护眼镜、防晒帽、毛巾、肥皂、水壶等一般性劳保用品及有毒有害等特殊作业条件下的防护用品，由各省公路主管部门根据各地实际情况自行制定。

5. 各省、自治区、直辖市公路主管部门可根据本标准制定具体实施细则，并监督实施。

六、劳动保护用品的资金来源

劳动保护用品的费用在公路养路费中列项支出。

七、地方道路养护职工的劳动保护用品如何发放，由各省参照本标准并根据本地区实际情况自定。

八、本标准由交通部负责解释。

九、本标准自下发之日起施行。

工会劳动保护工作责任制(试行)

中华全国总工会关于印发《工会劳动保护工作
责任制(试行)》的通知
总工发〔2005〕28号

各省、自治区、直辖市总工会,各全国产业工会,中共中央直属机关工会联合会,中央国家机关工会联合会,全总各部门、各直属单位:

  现将《工会劳动保护工作责任制(试行)》印发给你们,望结合实际认真贯彻落实。

中华全国总工会
2005年6月22日

  为了履行工会在国家安全生产工作格局中的"群众监督参与"职责,进一步规范和推动工会劳动保护工作,维护职工的安全健康合法权益,根据《工会法》、《安全生产法》、《职业病防治法》等法律法规,制订本责任制。

  一、职工在生产过程中的安全健康是职工合法权益的重要内容。各级工会组织必须贯彻"安全第一,预防为主"的方针,坚持"预防为主,群防群治,群专结合,依法监督"的原则,依据国家有关法律法规的规定,履行法律赋予工会组织的权利与义务,独立自主、认真负责地开展群众性劳动保护监督检查活动,切实维护职工安全健康合法权益。

  二、各级地方总工会主席对本地区工会劳动保护工作负全面领导责任;分管副主席负直接领导责任;劳动保护部门负直接责任,履行以下职责:

  1. 监督和协助政府有关部门以及企业贯彻执行国家有关劳动

安全卫生政策、法律法规和标准。

2. 开展调查研究,听取职工群众的意见建议和工会劳动保护工作汇报,研究安全生产方面存在的重大问题,提出解决问题的意见或建议。

3. 独立或会同有关部门进行安全生产检查,促进企业不断改善劳动条件。对于重大事故隐患和严重职业危害应当实行建档备查,发放隐患整改通知书,并跟踪督促企业整改;对拒绝整改的,应及时报告上级工会及有关部门进行处理。

4. 参加生产性建设工程项目"三同时"的审查验收工作,对不符合"三同时"规定的,向有关方面提出存在问题及解决的建议。对劳动条件和安全卫生设施不符合国家标准或行业标准的,不予签字。

5. 按照国家伤亡事故和严重职业危害调查处理的有关规定,相应的地方总工会派员参加伤亡事故和严重职业危害的调查处理。

6. 指导企业工会开展"安康杯"竞赛等群众性劳动保护活动,总结推广群众性劳动保护监督检查的先进经验。

7. 在评选先进和劳动模范中,对发生重特大死亡事故或存在严重职业危害的企业和负有责任的个人,提出意见,落实一票否决权。

三、各级地方总工会应建立负责劳动保护的工作机构,配备劳动保护专兼职干部,为劳动保护部门提供必要的经费、设备、交通和通讯工具。

四、企业工会主席对企业工会劳动保护工作负全面领导责任;分管副主席负直接领导责任;劳动保护部门(或专兼职人员)负直接责任,履行以下职责:

1. 建立健全群众性劳动保护监督检查组织网络。

2. 听取工会劳动保护工作汇报和职工群众的意见,研究解决工会劳动保护工作的重大问题,指导工会劳动保护工作的开展。

3. 监督和协助企业贯彻落实国家有关劳动安全卫生法律法规和标准。参与企业安全生产责任制、劳动安全卫生规章制度、生产安全事故应急救援预案的制定和修改工作。

4. 参与集体合同中有关劳动安全卫生条款的协商与制定，督促合同相关内容的落实。

5. 参加本企业生产性建设工程项目"三同时"审查验收工作和伤亡事故的调查处理，按规定上报伤亡事故。

6. 独立或会同企业行政开展安全检查。对查出的问题要及时督促企业整改；对重大事故隐患和职业危害要建立档案，并跟踪监督整改；对本企业无法解决的重大隐患向上一级工会反映。

7. 组织职工开展"安康杯"竞赛等群众性安全生产活动。

8. 宣传职工在劳动安全卫生方面享有的权利与义务，教育职工遵章守纪，协助企业行政搞好安全教育培训，提高职工的安全意识和自我保护能力。

9. 密切关注生产过程中危及职工安全健康的问题。坚决制止违章指挥、强令工人冒险作业，遇到明显重大事故隐患或职业危害，危及职工生命安全时，应代表职工立即向企业行政或现场指挥人员提出停产解决的建议。

五、企业工会在履行维护职工安全健康合法权益遇到障碍、阻力，以至影响正常开展工作时，应当及时向上一级工会反映，上一级工会应给予支持和帮助。

六、上级工会在参加重特大伤亡事故和严重职业病危害事故调查时，发现下级工会有关人员没有履行工会劳动保护职责并导致严重后果的，应进行调查，提出处理建议。

七、上级工会应对下级工会执行本责任制的情况进行监督检查。对认真履行职责，做出突出成绩的给予表彰奖励；对未能履行职责的，给予批评教育，并督促其改正。

八、乡镇、街道基层工会联合会，可以参照地方总工会的责任执行。

化学工业职业病防治工作管理办法

(1984年2月13日化工部发布)

第一条 为了防止在生产劳动过程中发生职业中毒和其他职业病，做好职业病诊断、治疗和管理工作，保护职工身体健康，根据《全国职业病防治院（所）工作试行条例》、《加强化工企业工业卫生和职业病防治工作的规定》，特制定本办法。

第二条 本办法适用于一切接触有害因素作业的化工企（事）业单位。

第三条 各级化工主管部门和化工企业的领导必须认真贯彻本办法，搞好工业卫生，职业病防治工作。在制定生产、科研计划的同时，统筹安排防尘防毒工作。

第四条 化工企业集中的省辖市（化工职工总人数在1万人以上）和大型企业（公司、总厂）可成立职业病防治所（所应独立，隶属卫生处直接领导；化工职工医院应设职业病科；凡有病床的医院都应有职业病病床。化工系统的职业病防治机构都要认真执行本办法的规定，搞好本地区、本单位的工业卫生职业病防治工作。

第五条 职业病防治机构的人员编制，可按《加强化工企业工业卫生和职业病防治工作的规定》中的具体规定执行。设职业病防治所并有职业病病房的单位，其护士、卫生员等不包括在此规定的编制内。

第六条 化工系统职业病防治机构都要认真开展工业卫生工作，并做为整个工作的重点。通过劳动卫生学调查，摸清所辖企业有害因素的种类和分布，对作业环境的污染状况和作业人员的危害程度，应建立工业卫生档案。

第七条 对劳动条件差的作业岗位，应及时向主管领导和有关部门反映，提出改善劳穷动条件的建议。工业卫生人员应给领导做好保护工人健康的参谋和助手。

第八条 对防尘防毒改善劳动条件的技术措施项目应提出卫生学要求；对有关通风防毒设施应定期进行检测提出卫生学评价；对达不到工业卫生要求的设施、设备，应向有关部门提出维修或更换的建议。

第九条 化工企业应贯彻"预防为主"的方针，职业病预防应执行三级预防原则。一级预防即工程控制，二级预防即健康监护，三级预防即职业病的诊断与治疗。在实施过程中强调一、二级预防的重要性。

第十条 新建、改建、扩建的化工企业都应根据国家《工业企业设计卫生标准》的要求进行设计。工业卫生、防尘、防毒设施与主体工程应同时设计、同时施工、同时投产。在设计审查和竣工验收时，都应有工业卫生医师参加。

第十一条 化工企业都应根据《化工企业劳动环境有害因素监测工作管理办法》的规定，对本企业所有有害因素作业点进行监测。本企业有条件者，自行监测．无测定能力者，请市化工局尘毒监测站或职业病防治所协助监测。测定结果要抱主管领导并定期上报企业的主管部门。

第十二条 健康检查：

1. 就业前体检在招收从事有毒有害作业新工人时，必须进行就业前体检。体检项目应由职业病防治部门根据其将从事的何种有毒有害作业而确定。体检发现患有职业禁忌症者，劳动部门不得安排从事有害作业。

2. 定期体检：对从事有毒有害作业人员，应定期进行健康体检。检查间隔年限，应根据职业性接触毒物危害程度分级标准，分为四级管理：Ⅰ级危害毒物每年检查一次；Ⅱ级危害毒物每二年检查一次；Ⅲ和Ⅳ级危害毒物每三年检查一次。体检中查出的观察（吸收）对象，每半年复查一次。

3. 体检项目应包括以下各项：

（1）职业史和有害因素接触史；

(2) 自觉症状和物理学检查体征;
(3) 生物材料的化验检查;
(4) X线拍片及特殊仪器检查。

第十三条 有条件的企业和化工企业集中的省辖市化工主管部门应积极创造条件,办疗养院(所),组织有毒有害工作人员优先疗养。通过轮休和疗养以恢复、提高工作人员身体素质,增强抗病能力。

第十四条 职业病诊断是一项政策性、科学性很强的工作。从事职业病诊断工作的人员,必须严格执行国家颁布的职业病诊断标准和有关规定,以科学的态度和积积负责的精神作好职业病的诊断工作。

化工系统的职业病诊断分二级:

一级:由省、自治区、直辖市化工厅(局)出面组织有关工业卫生职业病科、神经科、X线科等有经验的医师(应是主治医师及以上)组成职业病诊断技术指导小组,负责本地区职业病疑难病例的会诊、确诊及对下级职业病诊断组的技术指导(一般应每3-6个月安排一次活动)。

二级:凡设有职业病防治所的化工企业集中的省辖市、大型化工企业(公司、总厂)都可以成立职业病诊断组(应由有经验的工业卫生职业病医师及有关人员组成)。负责本市、本企业职业病的诊断工作。一般每月活动一次(据实际情况可适当延长)。

以上两级诊断组都应经同级卫生厅、卫生局审批,并报化学工业部备案。

第十五条 职业病一经确诊,诊断组应立即出具《职业病诊断证明书》一式三份,给患者所在单位、患者本人、诊断组各存档一份。

职业病诊断证明书必须注明有效日期和复查日期。到期不复查者,原诊断证明书不再有效。有效日期,慢性中毒一般为半年,最长不超过一年。急性中毒复查期视病情而定。

第十六条 对疑难病例,因检查条件所限,在本省、自治区、直辖市内不能确诊而需转外省、市诊断时，应由一级职业病诊断技术指导小组出转诊介绍信，经省级卫生主管部门批准并征得接诊单位同意后，方可外转。转诊单位应提供患者的职业史、劳动卫生学调查和临床等方面有关资料。

第十七条 任何医务人员以个人名义或由非职业病诊断组出具的所谓"职业病诊断书"都无效，不能享受职业病待遇。

第十八条 职工所在单位得到职业病诊断组出具的《职业病诊断证明书》后，应承认其诊断，并在其诊断证明书的有效日期内按国家有关规定给予职业病待遇。

第十九条 未痊愈的职业病患者，在调动工作时应将其职业病证明材料由原单位一并交调往的新单位。接受单位仍应按本办法有关规定进行处理。

第二十条 职工死亡后．凡生前诊断不明而又怀疑是职业病时，应做尸体解剖及病理诊断。病理诊断确属职业病致死的，应按职业病予以处理。

第二十一条 凡初次诊断为职业病者，由职业病诊断组按规定填写《职业病报告卡》，在报送当地卫生主管部门的同时，抄报当地化工主管部门。地方化工主管部门，按季将本地区职业病的发病情况汇总上报化学工业部。

第二十二条 职业病的管理工作，可按疾病类别、严重程度分别处理：

1. 急性职业中毒根据病情可门诊治疗或住院治疗。

2. 慢性职业中毒应根据病情暂脱离作业岗位住院治疗或疗养。中度以上中毒或有功能障碍者要调离有毒有害作业岗位。

3. 健康检查中发现患有职业禁忌症者，应调离原来的有毒有害作业岗位。

第二十三条 职业病的劳动能力鉴定，应根据职业病诊断证明书，由企业劳动能力鉴定委员会负责办理。

第二十四条 化工企业所有从事有毒有害作业人员，都应有完整的职业史登记、健康监护档案及门诊或住院的病历记载。这些资料均由本单位或本市化工职业病防治所统一保管,不得交给职工本人保存。作业人员的健康档案资料保存期限为死后10年。

第二十五条 对利用职业病诊断工作之便,营私舞弊,打击报复的工作人员,对中毒病人不负责任以致发生医疗事故的医务人员,各级行政管理部门应视其情节予以严肃处理,直至追究法律责任。

第二十六条 对工业卫生职业病防治工作搞得好,对中毒事故处理及中毒病人抢救及时、有效、或其他贡献,科研工作有显著成绩的集体和个人,应根据贡献大小给予表彰和奖励。

第二十七条 有毒有害作业统计:毒物种类,当年作业人数〔1/2(年初人数十年终人数)〕,调离人数。监测点数及合格点数,合格率;样品数,毒物浓度最低值、最高值、中位数及平均浓度,样品合格率。

职业病统计:当年急性职业中毒起数及中毒人数;慢性职业中毒新患人数、现患人数及分类、分级;平均每例住院日数、每例休工日数;各种职业中毒死亡人数;发病率、患病率、病死率等。

由安全技术、卫生部门共同负责于每年一月份将上一年的上述统计资料报送主管部门,同时抄报化学工业部。

第二十八条 本办法自发布之日起施行,由化学工业部生产综合司负责解释。

中华人民共和国劳动保障监察条例

中华人民共和国国务院令

第423号

《劳动保障监察条例》已经2004年10月26日国务院第68次常务会议通过,现予公布,自2004年12月1日起施行。

总理　温家宝

二〇〇四年十一月一日

第一章　总　则

第一条　为了贯彻实施劳动和社会保障(以下称劳动保障)法律、法规和规章,规范劳动保障监察工作,维护劳动者的合法权益,根据劳动法和有关法律,制定本条例。

第二条　对企业和个体工商户(以下称用人单位)进行劳动保障监察,适用本条例。

对职业介绍机构、职业技能培训机构和职业技能考核鉴定机构进行劳动保障监察,依照本条例执行。

第三条　国务院劳动保障行政部门主管全国的劳动保障监察

工作。县级以上地方各级人民政府劳动保障行政部门主管本行政区域内的劳动保障监察工作。

县级以上各级人民政府有关部门根据各自职责，支持、协助劳动保障行政部门的劳动保障监察工作。

第四条 县级、设区的市级人民政府劳动保障行政部门可以委托符合监察执法条件的组织实施劳动保障监察。

劳动保障行政部门和受委托实施劳动保障监察的组织中的劳动保障监察员应当经过相应的考核或者考试录用。

劳动保障监察证件由国务院劳动保障行政部门监制。

第五条 县级以上地方各级人民政府应当加强劳动保障监察工作。劳动保障监察所需经费列入本级财政预算。

第六条 用人单位应当遵守劳动保障法律、法规和规章，接受并配合劳动保障监察。

第七条 各级工会依法维护劳动者的合法权益，对用人单位遵守劳动保障法律、法规和规章的情况进行监督。

劳动保障行政部门在劳动保障监察工作中应当注意听取工会组织的意见和建议。

第八条 劳动保障监察遵循公正、公开、高效、便民的原则。

实施劳动保障监察，坚持教育与处罚相结合，接受社会监督。

第九条 任何组织或者个人对违反劳动保障法律、法规或者规章的行为，有权向劳动保障行政部门举报。

劳动者认为用人单位侵犯其劳动保障合法权益的，有权向劳动保障行政部门投诉。

劳动保障行政部门应当为举报人保密；对举报属实，为查处重大违反劳动保障法律、法规或者规章的行为提供主要线索和证据的举报人，给予奖励。

第二章 劳动保障监察职责

第十条 劳动保障行政部门实施劳动保障监察，履行下列职责：

（一）宣传劳动保障法律、法规和规章，督促用人单位贯彻执行；

（二）检查用人单位遵守劳动保障法律、法规和规章的情况；

（三）受理对违反劳动保障法律、法规或者规章的行为的举报、投诉；

（四）依法纠正和查处违反劳动保障法律、法规或者规章的行为。

第十一条 劳动保障行政部门对下列事项实施劳动保障监察：

（一）用人单位制定内部劳动保障规章制度的情况；

（二）用人单位与劳动者订立劳动合同的情况；

（三）用人单位遵守禁止使用童工规定的情况；

（四）用人单位遵守女职工和未成年工特殊劳动保护规定的情况；

（五）用人单位遵守工作时间和休息休假规定的情况；

（六）用人单位支付劳动者工资和执行最低工资标准的情况；

（七）用人单位参加各项社会保险和缴纳社会保险费的情况；

（八）职业介绍机构、职业技能培训机构和职业技能考核鉴定机构遵守国家有关职业介绍、职业技能培训和职业技能考核鉴定的规定的情况；

（九）法律、法规规定的其他劳动保障监察事项。

第十二条 劳动保障监察员依法履行劳动保障监察职责，受法律保护。

劳动保障监察员应当忠于职守，秉公执法，勤政廉洁，保守秘密。

任何组织或者个人对劳动保障监察员的违法违纪行为，有权向劳动保障行政部门或者有关机关检举、控告。

第三章 劳动保障监察的实施

第十三条 对用人单位的劳动保障监察，由用人单位用工所在地的县级或者设区的市级劳动保障行政部门管辖。

上级劳动保障行政部门根据工作需要，可以调查处理下级劳动保障行政部门管辖的案件。劳动保障行政部门对劳动保障监察管辖发生争议的，报请共同的上一级劳动保障行政部门指定管辖。

省、自治区、直辖市人民政府可以对劳动保障监察的管辖制定具体办法。

第十四条 劳动保障监察以日常巡视检查、审查用人单位按照要求报送的书面材料以及接受举报投诉等形式进行。

劳动保障行政部门认为用人单位有违反劳动保障法律、法规或者规章的行为，需要进行调查处理的，应当及时立案。

劳动保障行政部门或者受委托实施劳动保障监察的组织应当设立举报、投诉信箱和电话。

对因违反劳动保障法律、法规或者规章的行为引起的群体性事件，劳动保障行政部门应当根据应急预案，迅速会同有关部门处理。

第十五条 劳动保障行政部门实施劳动保障监察，有权采取下列调查、检查措施：

（一）进入用人单位的劳动场所进行检查；

（二）就调查、检查事项询问有关人员；

（三）要求用人单位提供与调查、检查事项相关的文件资料，并作出解释和说明，必要时可以发出调查询问书；

（四）采取记录、录音、录像、照像或者复制等方式收集有关情况和资料；

（五）委托会计师事务所对用人单位工资支付、缴纳社会保险费的情况进行审计；

（六）法律、法规规定可以由劳动保障行政部门采取的其他调查、检查措施。

劳动保障行政部门对事实清楚、证据确凿、可以当场处理的违反劳动保障法律、法规或者规章的行为有权当场予以纠正。

第十六条 劳动保障监察员进行调查、检查，不得少于2人，并应当佩戴劳动保障监察标志、出示劳动保障监察证件。

劳动保障监察员办理的劳动保障监察事项与本人或者其近亲属有直接利害关系的，应当回避。

第十七条 劳动保障行政部门对违反劳动保障法律、法规或者规章的行为的调查，应当自立案之日起60个工作日内完成；对情况复杂的，经劳动保障行政部门负责人批准，可以延长30个工作日。

第十八条 劳动保障行政部门对违反劳动保障法律、法规或者规章的行为，根据调查、检查的结果，作出以下处理：

（一）对依法应当受到行政处罚的，依法作出行政处罚决定；

（二）对应当改正未改正的，依法责令改正或者作出相应的行政处理决定；

（三）对情节轻微且已改正的，撤销立案。

发现违法案件不属于劳动保障监察事项的，应当及时移送有关部门处理；涉嫌犯罪的，应当依法移送司法机关。

第十九条 劳动保障行政部门对违反劳动保障法律、法规或者规章的行为作出行政处罚或者行政处理决定前，应当听取用人单位的陈述、申辩；作出行政处罚或者行政处理决定，应当告知用人单位依法享有申请行政复议或者提起行政诉讼的权利。

第二十条 违反劳动保障法律、法规或者规章的行为在2年内未被劳动保障行政部门发现，也未被举报、投诉的，劳动保障行政部门不再查处。

前款规定的期限，自违反劳动保障法律、法规或者规章的行为发生之日起计算；违反劳动保障法律、法规或者规章的行为有连续或者继续状态的，自行为终了之日起计算。

第二十一条 用人单位违反劳动保障法律、法规或者规章，对劳动者造成损害的，依法承担赔偿责任。劳动者与用人单位就赔偿发生争议的，依照国家有关劳动争议处理的规定处理。

对应当通过劳动争议处理程序解决的事项或者已经按照劳动

争议处理程序申请调解、仲裁或者已经提起诉讼的事项，劳动保障行政部门应当告知投诉人依照劳动争议处理或者诉讼的程序办理。

第二十二条　劳动保障行政部门应当建立用人单位劳动保障守法诚信档案。用人单位有重大违反劳动保障法律、法规或者规章的行为的，由有关的劳动保障行政部门向社会公布。

第四章　法律责任

第二十三条　用人单位有下列行为之一的，由劳动保障行政部门责令改正，按照受侵害的劳动者每人1000元以上5000元以下的标准计算，处以罚款：

（一）安排女职工从事矿山井下劳动、国家规定的第四级体力劳动强度的劳动或者其他禁忌从事的劳动的；

（二）安排女职工在经期从事高处、低温、冷水作业或者国家规定的第三级体力劳动强度的劳动的；

（三）安排女职工在怀孕期间从事国家规定的第三级体力劳动强度的劳动或者孕期禁忌从事的劳动的；

（四）安排怀孕7个月以上的女职工夜班劳动或者延长其工作时间的；

（五）女职工生育享受产假少于90天的；

（六）安排女职工在哺乳未满1周岁的婴儿期间从事国家规定的第三级体力劳动强度的劳动或者哺乳期禁忌从事的其他劳动，以及延长其工作时间或者安排其夜班劳动的；

（七）安排未成年工从事矿山井下、有毒有害、国家规定的第四级体力劳动强度的劳动或者其他禁忌从事的劳动的；

（八）未对未成年工定期进行健康检查的。

第二十四条　用人单位与劳动者建立劳动关系不依法订立劳动合同的，由劳动保障行政部门责令改正。

第二十五条　用人单位违反劳动保障法律、法规或者规章延长劳动者工作时间的，由劳动保障行政部门给予警告，责令限期改正，并可以按照受侵害的劳动者每人100元以上500元以下的标准计算，处以罚款。

第二十六条 用人单位有下列行为之一的，由劳动保障行政部门分别责令限期支付劳动者的工资报酬、劳动者工资低于当地最低工资标准的差额或者解除劳动合同的经济补偿；逾期不支付的，责令用人单位按照应付金额50%以上1倍以下的标准计算，向劳动者加付赔偿金：

（一）克扣或者无故拖欠劳动者工资报酬的；

（二）支付劳动者的工资低于当地最低工资标准的；

（三）解除劳动合同未依法给予劳动者经济补偿的。

第二十七条 用人单位向社会保险经办机构申报应缴纳的社会保险费数额时，瞒报工资总额或者职工人数的，由劳动保障行政部门责令改正，并处瞒报工资数额1倍以上3倍以下的罚款。

骗取社会保险待遇或者骗取社会保险基金支出的，由劳动保障行政部门责令退还，并处骗取金额1倍以上3倍以下的罚款；构成犯罪的，依法追究刑事责任。

第二十八条 职业介绍机构、职业技能培训机构或者职业技能考核鉴定机构违反国家有关职业介绍、职业技能培训或者职业技能考核鉴定的规定的，由劳动保障行政部门责令改正，没收违法所得，并处1万元以上5万元以下的罚款；情节严重的，吊销许可证。

未经劳动保障行政部门许可，从事职业介绍、职业技能培训或者职业技能考核鉴定的组织或者个人，由劳动保障行政部门、工商行政管理部门依照国家有关无照经营查处取缔的规定查处取缔。

第二十九条 用人单位违反《中华人民共和国工会法》，有下列行为之一的，由劳动保障行政部门责令改正：

（一）阻挠劳动者依法参加和组织工会，或者阻挠上级工会帮

助、指导劳动者筹建工会的;

(二)无正当理由调动依法履行职责的工会工作人员的工作岗位,进行打击报复的;

(三)劳动者因参加工会活动而被解除劳动合同的;

(四)工会工作人员因依法履行职责被解除劳动合同的。

第三十条 有下列行为之一的,由劳动保障行政部门责令改正;对有第(一)项、第(二)项或者第(三)项规定的行为的,处2000元以上2万元以下的罚款:

(一)无理抗拒、阻挠劳动保障行政部门依照本条例的规定实施劳动保障监察的;

(二)不按照劳动保障行政部门的要求报送书面材料,隐瞒事实真相,出具伪证或者隐匿、毁灭证据的;

(三)经劳动保障行政部门责令改正拒不改正,或者拒不履行劳动保障行政部门的行政处理决定的;

(四)打击报复举报人、投诉人的。

违反前款规定,构成违反治安管理行为的,由公安机关依法给予治安管理处罚;构成犯罪的,依法追究刑事责任。

第三十一条 劳动保障监察员滥用职权、玩忽职守、徇私舞弊或者泄露在履行职责过程中知悉的商业秘密的,依法给予行政处分;构成犯罪的,依法追究刑事责任。

劳动保障行政部门和劳动保障监察员违法行使职权,侵犯用人单位或者劳动者的合法权益的,依法承担赔偿责任。

第三十二条 属于本条例规定的劳动保障监察事项,法律、其他行政法规对处罚另有规定的,从其规定。

第五章 附 则

第三十三条 对无营业执照或者已被依法吊销营业执照,有劳动用工行为的,由劳动保障行政部门依照本条例实施劳动保障监察,并及时通报工商行政管理部门予以查处取缔。

第三十四条 国家机关、事业单位、社会团体执行劳动保障法律、法规和规章的情况,由劳动保障行政部门根据其职责,依照本条例实施劳动保障监察。

第三十五条 劳动安全卫生的监督检查,由卫生部门、安全生产监督管理部门、特种设备安全监督管理部门等有关部门依照有关法律、行政法规的规定执行。

第三十六条 本条例自2004年12月1日起施行。

附 录

关于实施《劳动保障监察条例》若干规定

中华人民共和国劳动和社会保障部令
第25号

《关于实施〈劳动保障监察条例〉若干规定》已经劳动和社会保障部第9次部务会议讨论通过,现予公布,自2005年2月1日起施行。

部长 郑斯林
二〇〇四年十二月三十一日

第一章 总 则

第一条 为了实施《劳动保障监察条例》,规范劳动保障监察行为,制定本规定。

第二条 劳动保障行政部门及所属劳动保障监察机构对企业和个体工商户(以下称用人单位)遵守劳动保障法律、法规和规章(以下简称劳动保障法律)的情况进行监察,适用本规定;对职业介绍机构、职业技能培训机构和职业技能考核鉴定机构进行劳动保障监察,依照本规定执行;对国家机关、事业单位、社会团体执行劳动保障法律情况进行劳动保障监察,根据劳动保障行政部门的职责,依照本规定执行。

第三条 劳动保障监察遵循公正、公开、高效、便民的原则。

实施劳动保障行政处罚坚持以事实为依据,以法律为准绳,坚持教育与处罚相结合,接受社会监督。

第四条 劳动保障监察实行回避制度。

第五条 县级以上劳动保障行政部门设立的劳动保障监察行政机构和劳动保障行政部门依法委托实施劳动保障监察的组织(以下统称劳动保障监察机构)具体负责劳动保障监察管理工作。

第二章 一般规定

第六条 劳动保障行政部门对用人单位及其劳动场所的日常巡视检查,应当制定年度计划和中长期规划,确定重点检查范围,并按照现场检查的规定进行。

第七条 劳动保障行政部门对用人单位按照要求报送的有关遵守劳动保障法律情况的书面材料应进行审查,并对审查中发现的问题及时予以纠正和查处。

第八条 劳动保障行政部门可以针对劳动保障法律实施中存在的重点问题集中组织专项检查活动,必要时,可以联合有关部门或组织共同进行。

第九条 劳动保障行政部门应当设立举报、投诉信箱,公开举报、投诉电话,依法查处举报和投诉反映的违反劳动保障法律的行为。

第三章 受理与立案

第十条 任何组织或个人对违反劳动保障法律的行为,有权向劳动保障行政部门举报。

第十一条 劳动保障行政部门对举报人反映的违反劳动保障法律的行为应当依法予以查处,并为举报人保密;对举报属实,为查处重大违反劳动保障法律的行为提供主要线索和证据的举报人,给予奖励。

第十二条 劳动者对用人单位违反劳动保障法律、侵犯其合法权益的行为,有权向劳动保障行政部门投诉。对因同一事由引起的集体投诉，投诉人可推荐代表投诉。

第十三条 投诉应当由投诉人向劳动保障行政部门递交投诉文书。书写投诉文书确有困难的，可以口头投诉，由劳动保障监察机构进行笔录，并由投诉人签字。

第十四条 投诉文书应当载明下列事项：

（一）投诉人的姓名、性别、年龄、职业、工作单位、住所和联系方式，被投诉用人单位的名称、住所、法定代表人或者主要负责人的姓名、职务；

（二）劳动保障合法权益受到侵害的事实和投诉请求事项。

第十五条 有下列情形之一的投诉，劳动保障行政部门应当告知投诉人依照劳动争议处理或者诉讼程序办理：

（一）应当通过劳动争议处理程序解决的；

（二）已经按照劳动争议处理程序申请调解、仲裁的；

（三）已经提起劳动争议诉讼的。

第十六条 下列因用人单位违反劳动保障法律行为对劳动者造成损害，劳动者与用人单位就赔偿发生争议的，依照国家有关劳动争议处理的规定处理：

（一）因用人单位制定的劳动规章制度违反法律、法规规定，对劳动者造成损害的；

（二）因用人单位违反对女职工和未成年工的保护规定，对女职工和未成年工造成损害的；

（三）因用人单位原因订立无效合同，对劳动者造成损害的；

（四）因用人单位违法解除劳动合同或者故意拖延不订立劳动合同，对劳动者造成损害的；

（五）法律、法规和规章规定的其他因用人单位违反劳动保障法律的行为，对劳动者造成损害的。

第十七条 劳动者或者用人单位与社会保险经办机构发生的社会保险行政争议，按照《社会保险行政争议处理办法》处理。

第十八条 对符合下列条件的投诉，劳动保障行政部门应当在接到投诉之日起5个工作日内依法受理，并于受理之日立案查处：

（一）违反劳动保障法律的行为发生在 2 年内的；

（二）有明确的被投诉用人单位，且投诉人的合法权益受到侵害是被投诉用人单位违反劳动保障法律的行为所造成的；

（三）属于劳动保障监察职权范围并由受理投诉的劳动保障行政部门管辖。

对不符合第一款第（一）项规定的投诉，劳动保障行政部门应当在接到投诉之日起 5 个工作日内决定不予受理，并书面通知投诉人。

对不符合第一款第（二）项规定的投诉，劳动保障监察机构应当告知投诉人补正投诉材料。

对不符合第一款第（三）项规定的投诉，即对不属于劳动保障监察职权范围的投诉，劳动保障监察机构应当告诉投诉人；对属于劳动保障监察职权范围但 不属于受理投诉的劳动保障行政部门管辖的投诉，应当告知投诉人向有关劳动保障行政部门提出。

第十九条　劳动保障行政部门通过日常巡视检查、书面审查、举报等发现用人单位有违反劳动保障法律的行为，需要进行调查处理的，应当及时立案查处。

立案应当填写立案审批表，报劳动保障监察机构负责人审查批准。劳动保障监察机构负责人批准之日即为立案之日。

第四章　调查与检查

第二十条　劳动保障监察员进行调查、检查不得少于 2 人。劳动保障监察机构应指定其中 1 名为主办劳动保障监察员。

第二十一条　劳动保障监察员对用人单位遵守劳动保障法律情况进行监察时，应当遵循以下规定：

（一）进入用人单位时，应佩戴劳动保障监察执法标志，出示劳动保障监察证件，并说明身份；

（二）就调查事项制作笔录，应由劳动保障监察员和被调查人（或其委托代理人）签名或盖章。被调查人拒不签名、盖章的，应注明拒签情况。

第二十二条 劳动保障监察员进行调查、检查时，承担下列义务：

（一）依法履行职责，秉公执法；

（二）保守在履行职责过程中获知的商业秘密；

（三）为举报人保密。

第二十三条 劳动保障监察员在实施劳动保障监察时，有下列情形之一的，应当回避：

（一）本人是用人单位法定代表人或主要负责人的近亲属的；

（二）本人或其近亲属与承办查处的案件事项有直接利害关系的；

（三）因其他原因可能影响案件公正处理的。

第二十四条 当事人认为劳动保障监察员符合本规定第二十三条规定应当回避的，有权向劳动保障行政部门申请，要求其回避。当事人申请劳动保障监察员回避，应当采用书面形式。

第二十五条 回避决定应在收到申请之日起 3 个工作日内作出。作出回避决定前，承办人员不得停止对案件的调查处理。对回避申请的决定，应当告知申请人。

承办人员的回避，由劳动保障监察机构负责人决定；劳动保障监察机构负责人的回避，由劳动保障行政部门负责人决定。

第二十六条 劳动保障行政部门实施劳动保障监察，有权采取下列措施：

（一）进入用人单位的劳动场所进行检查；

（二）就调查、检查事项询问有关人员；

（三）要求用人单位提供与调查、检查事项相关的文件资料，必要时可以发出调查询问书；

（四）采取记录、录音、录像、照像和复制等方式收集有关的情况和资料；

（五）对事实确凿、可以当场处理的违反劳动保障法律、法规或规章的行为当场予以纠正；

（六）可以委托注册会计师事务所对用人单位工资支付、缴纳社会保险费的情况进行审计；

（七）法律、法规规定可以由劳动保障行政部门采取的其他调查、检查措施。

第二十七条 劳动保障行政部门调查、检查时，有下列情形之一的可以采取证据登记保存措施：

（一）当事人可能对证据采取伪造、变造、毁灭行为的；

（二）当事人采取措施不当可能导致证据灭失的；

（三）不采取证据登记保存措施以后难以取得的；

（四）其他可能导致证据灭失的情形的。

第二十八条 采取证据登记保存措施应当按照下列程序进行：

（一）劳动保障监察机构根据本规定第二十七条的规定，提出证据登记保存申请，报劳动保障行政部门负责人批准；

（二）劳动保障监察员将证据登记保存通知书及证据登记清单交付当事人，由当事人签收。当事人拒不签名或者盖章的，由劳动保障监察员注明情况；

（三）采取证据登记保存措施后，劳动保障行政部门应当在7日内及时作出处理决定，期限届满后应当解除证据登记保存措施。

在证据登记保存期内，当事人或者有关人员不得销毁或者转移证据；劳动保障监察机构及劳动保障监察员可以随时调取证据。

第二十九条 劳动保障行政部门在实施劳动保障监察中涉及异地调查取证的，可以委托当地劳动保障行政部门协助调查。受委托方的协助调查应在双方商定的时间内完成。

第三十条 劳动保障行政部门对违反劳动保障法律的行为的调查，应当自立案之日起60个工作日内完成；情况复杂的，经劳动保障行政部门负责人批准，可以延长30个工作日。

第五章 案件处理

第三十一条 对用人单位存在的违反劳动保障法律的行为事

实确凿并有法定处罚（处理）依据的，可以当场作出限期整改指令或依法当场作出行政处罚决定。

当场作出限期整改指令或行政处罚决定的，劳动保障监察员应当填写预定格式、编有号码的限期整改指令书或行政处罚决定书，当场交付当事人。

第三十二条　当场处以警告或罚款处罚的，应当按照下列程序进行：

（一）口头告知当事人违法行为的基本事实、拟作出的行政处罚、依据及其依法享有的权利；

（二）听取当事人的陈述和申辩；

（三）填写预定格式的处罚决定书；

（四）当场处罚决定书应当由劳动保障监察员签名或者盖章；

（五）将处罚决定书当场交付当事人，由当事人签收。

劳动保障监察员应当在 2 日内将当场限期整改指令和行政处罚决定书存档联交所属劳动保障行政部门存档。

第三十三条　对不能当场作出处理的违法案件，劳动保障监察员经调查取证，应当提出初步处理建议，并填写案件处理报批表。

案件处理报批表应写明被处理单位名称、案由、违反劳动保障法律行为事实、被处理单位的陈述、处理依据、建议处理意见。

第三十四条　对违反劳动保障法律的行为作出行政处罚或者行政处理决定前，应当告知用人单位，听取其陈述和申辩；法律、法规规定应当依法听证的，应当告知用人单位有权依法要求举行听证；用人单位要求听证的，劳动保障行政部门应当组织听证。

第三十五条　劳动保障行政部门对违反劳动保障法律的行为，根据调查、检查的结果，作出以下处理：

（一）对依法应当受到行政处罚的，依法作出行政处罚决定；

（二）对应当改正未改正的，依法责令改正或者作出相应的行政处理决定；

（三）对情节轻微，且已改正的，撤销立案。

经调查、检查，劳动保障行政部门认定违法事实不能成立的，也应当撤销立案。

发现违法案件不属于劳动保障监察事项的，应当及时移送有关部门处理；涉嫌犯罪的，应当依法移送司法机关。

第三十六条　劳动保障监察行政处罚（处理）决定书应载明下列事项：

（一）被处罚（处理）单位名称、法定代表人、单位地址；

（二）劳动保障行政部门认定的违法事实和主要证据；

（三）劳动保障行政处罚（处理）的种类和依据；

（四）处罚（处理）决定的履行方式和期限；

（五）不服行政处罚（处理）决定，申请行政复议或者提起行政诉讼的途径和期限；

（六）作出处罚（处理）决定的行政机关名称和作出处罚（处理）决定的日期。

劳动保障行政处罚（处理）决定书应当加盖劳动保障行政部门印章。

第三十七条　劳动保障行政部门立案调查完成，应在15个工作日内作出行政处罚（行政处理或者责令改正）或者撤销立案决定；特殊情况，经劳动保障行政部门负责人批准可以延长。

第三十八条　劳动保障监察限期整改指令书、劳动保障行政处理决定书、劳动保障行政处罚决定书应当在宣告后当场交付当事人；当事人不在场的，劳动保障行政部门应当在7日内依照《中华人民共和国民事诉讼法》的有关规定，将劳动保障监察限期整改指令书、劳动保障行政处理决定书、劳动保障行政处罚决定书送达当事人。

第三十九条　作出行政处罚、行政处理决定的劳动保障行政部门发现决定不适当的，应当予以纠正并及时告知当事人。

第四十条　劳动保障监察案件结案后应建立档案。档案资料应当至少保存三年。

第四十一条 劳动保障行政处理或处罚决定依法作出后，当事人应当在决定规定的期限内予以履行。

第四十二条 当事人对劳动保障行政处理或行政处罚决定不服申请行政复议或者提起行政诉讼的，行政处理或行政处罚决定不停止执行。法律另有规定的除外。

第四十三条 当事人确有经济困难，需要延期或者分期缴纳罚款的，经当事人申请和劳动保障行政部门批准，可以暂缓或者分期缴纳。

第四十四条 当事人对劳动保障行政部门作出的行政处罚决定、责令支付劳动者工资报酬、赔偿金或者征缴社会保险费等行政处理决定逾期不履行的，劳动保障行政部门可以申请人民法院强制执行，或者依法强制执行。

第四十五条 除依法当场收缴的罚款外，作出罚款决定的劳动保障行政部门及其劳动保障监察员不得自行收缴罚款。当事人应当自收到行政处罚决定书之日起15日内，到指定银行缴纳罚款。

第四十六条 地方各级劳动保障行政部门应当按照劳动保障部有关规定对承办的案件进行统计并填表上报。

地方各级劳动保障行政部门制作的行政处罚决定书，应当在10个工作日内报送上一级劳动保障行政部门备案。

第六章 附 则

第四十七条 对无营业执照或者已被依法吊销营业执照，有劳动用工行为的，由劳动保障行政部门依照本规定实施劳动保障监察。

第四十八条 本规定自2005年2月1日起施行。原《劳动监察规定》（劳部发〔1993〕167号）、《劳动监察程序规定》（劳部发〔1995〕457号）、《处理举报劳动违法行为规定》（劳动部令第5号，1996年12月17日）同时废止。

违反《劳动法》有关劳动合同规定的赔偿办法

劳动部关于发布《违反〈劳动法〉有关劳动合同规定的赔偿办法》的通知

劳部发〔1995〕223号

各省、自治区、直辖市及计划单列市劳动（劳动人事）厅（局）、国务院有关部门和直属机构，解放军总后勤部生产管理部：

为了明确劳动合同当事人违反劳动法有关劳动合同规定的赔偿责任，我们制定了《违反〈劳动法〉有关劳动合同规定的赔偿办法》，现予发布，请按照执行。

中华人民共和国劳动部
一九九五年五月十日

第一条 为明确违反劳动法有关劳动合同规定的赔偿责任，维护劳动合同双方当事人的合法权益，根据《中华人民共和国劳动法》的有关规定，制定本办法。

第二条 用人单位有下列情形之一，对劳动者造成损害的，应赔偿劳动者损失：

（一）用人单位故意拖延不订立劳动合同，即招用后故意不按规定订立劳动合同以及劳动合同到期后故意不及时续订劳动合同的；

（二）由于用人单位的原因订立无效劳动合同，或订立部分无效劳动合同的；

（三）用人单位违反规定或劳动合同的约定侵害女职工或未成年工合法权益的；

（四）用人单位违反规定或劳动合同的约定解除劳动合同的。

第三条　本办法第二条规定的赔偿，按下列规定执行：

（一）造成劳动者工资收入损失的，按劳动者本人应得工资收入支付给劳动者，并加付应得工资收入25%的赔偿费用。

（二）造成劳动者劳动保护待遇损失的，应按国家规定补足劳动者的劳动保护津贴和用品；

（三）造成劳动者工伤、医疗待遇损失的，除按国家规定为劳动者提供工伤、医疗待遇外，还应支付劳动者相当于医疗费用25%的赔偿费用；

（四）造成女职工和未成年工身体健康损害的，除按国家规定提供治疗期间的医疗待遇外，还应支付相当于其医疗费用25%的赔偿费用；

（五）劳动合同约定的其他赔偿费用。

第四条　劳动者违反规定或劳动合同的约定解除劳动合同，对用人单位造成损失的，劳动者应赔偿用人单位下列损失：

（一）用人单位招收录用其所支付的费用；

（二）用人单位为其支付的培训费用，双方另有约定的按约定办理；

（三）对生产、经营和工作造成的直接经济损失；

（四）劳动合同约定的其他赔偿费用。

第五条　劳动者违反劳动合同中约定保密事项，对用人单位造成经济损失的，按《反不正当竞争法》第二十条的规定支付用人单位赔偿费用。

第六条　用人单位招用尚未解除劳动合同的劳动者，对原用人单位造成经济损失的，除该劳动者承担直接赔偿责任外，该用人单位应当承担连带赔偿责任。其连带赔偿的份额应不低于对原用人单位造成经济损失总额的百分之七十。向原用人单位赔偿下列损失：

（一）对生产、经营和工作造成的直接经济损失；

（二）因获取商业秘密给用人单位造成的经济损失。

赔偿本条第（二）项规定的损失，按《反不正当竞争法》第二十条的规定执行。

第七条 因赔偿引起争议的，按照国家有关劳动争议处理的规定办理。

第八条 本办法自发布之日起施行。

关于加强建设等行业农民工劳动合同管理的通知

劳社部发〔2005〕9号

各省、自治区、直辖市劳动和社会保障厅（局）、建设厅（建委）、总工会：

为贯彻落实《国务院办公厅关于进一步做好改善农民进城就业环境工作的通知》（国办发〔2004〕92号）精神，加强建设等行业农民工劳动合同管理，维护农民工的合法权益，现就有关问题通知如下：

一、高度重视农民工劳动合同管理工作

通过劳动合同确立用人单位与农民工的劳动关系，是维护农民工合法权益的重要措施。各级劳动保障部门要以使用农民工较集中的建筑、餐饮、加工等行业为重点，明确农民工劳动合同管理工作职责，切实把农民工劳动合同管理工作摆到重要日程。建设等行业行政主管部门和工会组织要协助劳动保障部门采取有力措施推进劳动合同制度的落实，不断完善劳动合同管理政策，推动各类用人单位依法与农民工签订劳动合同，提高劳动合同签订率。要指导和督促用人单位加强内部劳动合同管理，依据国家有关法律法规，建立健全劳动合同管理制度，实现劳动合同动态管理。

二、规范签订劳动合同行为

用人单位使用农民工，应当依法与农民工签订书面劳动合同，并向劳动保障行政部门进行用工备案。签订劳动合同应当遵循平等自愿、协商一致的原则，用人单位不得采取欺骗、威胁等手段与农民工签订劳动合同，不得在签订劳动合同时收取抵押金、风险金。

劳动合同必须由具备用工主体资格的用人单位与农民工本人

直接签订，不得由他人代签。建筑领域工程项目部、项目经理、施工作业班组、包工头等不具备用工主体资格，不能作为用工主体与农民工签订劳动合同。

三、完善劳动合同内容

用人单位与农民工签订劳动合同，应当包括以下条款。

（一）劳动合同期限

经双方协商一致，可以采取有固定期限、无固定期限或以完成一定的工作任务为期限三种形式。无固定期限劳动合同要明确劳动合同的终止条件。有固定期限的劳动合同，应当明确起始和终止时间。双方在劳动合同中可以约定试用期。劳动合同期限半年以内的，一般不约定试用期；劳动合同期限半年以上1年以内的，试用期不得超过30日；劳动合同期限1至2年的，试用期不得超过60日；劳动合同期限2年以上的，试用期最多不得超过6个月。

（二）工作内容和工作时间

劳动合同中要明确农民工的工种、岗位和所从事工作的内容。工作时间要按照国家规定执行，法定节日应安排农民工休息。如需安排农民工加班或延长工作时间的，必须按规定支付加班工资。建筑业企业根据生产特点，按规定报劳动保障行政部门批准后，可对部分工种岗位实行综合计算工时工作制。

（三）劳动保护和劳动条件。用人单位要按照安全生产有关规定，为农民工提供必要的劳动安全保护及劳动条件。在农民工上岗前要对其进行安全生产教育。施工现场必须按国家建筑施工安全生产的规定，采取必要的安全措施。用人单位为农民工提供的宿舍、食堂、饮用水、洗浴、公厕等基本生活条件应达到安全、卫生要求，其中建筑施工现场要符合《建筑施工现场环境与卫生标准》（JGJ146—2004）。

（四）劳动报酬

在劳动合同中要明确工资以货币形式按月支付，并约定支付的时间、标准和支付方式。用人单位根据行业特点，经过民主程序确定具体工资支付办法的,应在劳动合同中予以明确,但按月支付的工资不得低于当地政府规定的最低工资标准。已建立集体合同制度的单位,工资标准不得低于集体合同规定的工资标准。

(五)劳动纪律

在劳动合同中明确要求农民工遵守的用人单位有关规章制度,应当依法制定。用人单位应当在签订劳动合同前告知农民工。

(六)违反劳动合同的责任

劳动合同中应当约定违约责任,一方违反劳动合同给对方造成经济损失的,要按《劳动法》等有关法律规定承担赔偿责任。

根据不同岗位的特点,用人单位与农民工协商一致,还可以在劳动合同中约定其他条款。

四、指导用人单位建立健全劳动合同管理制度

各级劳动保障部门要会同建设等行业行政主管部门和工会组织,积极指导用人单位依法建立健全内部劳动合同管理制度。用人单位要对劳动合同签订、续订、变更、终止和解除等各个环节制定具体管理规定,经职代会或职工大会讨论通过后执行。要指定专职或兼职人员负责劳动合同管理工作,建立劳动合同管理台帐,实行动态管理。对履行劳动合同情况,特别是工资支付、保险福利、加班加点等有关情况要有书面记录。对终止解除劳动合同的农民工,用人单位应当结清工资,并出具终止解除劳动合同证明。

五、加大劳动保障监察执法和劳动争议处理工作力度

各级劳动保障部门要加强劳动保障监察执法工作,充实劳动保障监察人员,加大对用人单位招用农民工签订劳动合同情况的监督检查力度。要公布举报投诉电话,及时处理举报投诉案件。对不按规定与农民工签订劳动合同的用人单位,要依法责令其纠正。

要加强劳动争议仲裁机构和仲裁员队伍建设,切实解决用人单位与农民工因履行劳动合同发生的争议。要加强劳动争议调解工作,及时化解纠纷。对申诉到劳动争议仲裁机构的劳动争议,

要在条件允许的情况下依法采取简易程序,做到快立案、快审案、快结案。对涉及用人单位拖欠工资、工伤待遇的争议要优先受理、裁决。对生活困难的农民工,减免应由农民工本人负担的仲裁费用,切实解决农民工申诉难的问题。

六、加强对农民工劳动合同管理的组织领导

各级劳动保障部门、建设等行业行政主管部门和工会组织,要认真贯彻落实国办发〔2004〕92号文件精神,各司其职,各负其责,加强配合,建立健全工作目标责任制,完善工作协调机制,共同做好农民工劳动合同签订和管理的组织领导工作。要加强劳动保障法律、法规的宣传,增强用人单位和农民工的劳动合同意识,促进劳动合同制度全面实施。省级劳动保障行政部门要会同建设等行业行政主管部门制订适合不同行业特点的农民工劳动合同范本,指导督促用人单位与农民工签订劳动合同,切实提高劳动合同签订率。各级工会组织要积极指导、帮助农民工与用人单位签订劳动合同,加强对劳动合同履行情况的监督;要推进使用农民工的企业开展平等协商签订集体合同,切实维护广大农民工的合法权益。

劳动和社会保障部
中华人民共和国建设部
全国总工会
2005年4月18日

全国普法学习读本

劳动保障法律法规学习读本

劳动安全操作规程

魏光朴 主编

汕头大学出版社

图书在版编目（CIP）数据

劳动安全操作规程 / 魏光朴主编. -- 汕头：汕头大学出版社（2021.7重印）

（劳动保障法律法规学习读本）

ISBN 978-7-5658-3211-6

Ⅰ. ①劳… Ⅱ. ①魏… Ⅲ. ①安全生产-安全法规-中国-学习参考资料 Ⅳ. ①D922.544

中国版本图书馆 CIP 数据核字（2017）第 254807 号

劳动安全操作规程　LAODONG ANQUAN CAOZUO GUICHENG

主　　编：	魏光朴
责任编辑：	邹　峰
责任技编：	黄东生
封面设计：	大华文苑
出版发行：	汕头大学出版社
	广东省汕头市大学路 243 号汕头大学校园内　邮政编码：515063
电　　话：	0754-82904613
印　　刷：	三河市南阳印刷有限公司
开　　本：	690mm×960mm 1/16
印　　张：	18
字　　数：	226 千字
版　　次：	2017 年 10 月第 1 版
印　　次：	2021 年 7 月第 2 次印刷
定　　价：	59.60 元（全 2 册）

ISBN 978-7-5658-3211-6

版权所有，翻版必究

如发现印装质量问题，请与承印厂联系退换

前　言

习近平总书记指出："推进全民守法，必须着力增强全民法治观念。要坚持把全民普法和守法作为依法治国的长期基础性工作，采取有力措施加强法制宣传教育。要坚持法治教育从娃娃抓起，把法治教育纳入国民教育体系和精神文明创建内容，由易到难、循序渐进不断增强青少年的规则意识。要健全公民和组织守法信用记录，完善守法诚信褒奖机制和违法失信行为惩戒机制，形成守法光荣、违法可耻的社会氛围，使遵法守法成为全体人民共同追求和自觉行动。"

中共中央、国务院曾经转发了中央宣传部、司法部关于在公民中开展法治宣传教育的规划，并发出通知，要求各地区各部门结合实际认真贯彻执行。通知指出，全民普法和守法是依法治国的长期基础性工作。深入开展法治宣传教育，是全面建成小康社会和新农村的重要保障。

普法规划指出：各地区各部门要根据实际需要，从不同群体的特点出发，因地制宜开展有特色的法治宣传教育坚持集中法治宣传教育与经常性法治宣传教育相结合，深化法律进机关、进乡村、进社区、进学校、进企业、进单位的"法律六进"主题活动，完善工作标准，建立长效机制。

特别是农业、农村和农民问题，始终是关系党和人民事业发展的全局性和根本性问题。党中央、国务院发布的《关于推进社会主义新农村建设的若干意见》中明确提出要"加强农村法制建设，深入开展农村普法教育，增强农民的法制观念，提高农民依法行使权利和履行义务的自觉性。"多年普法实践证明，普及法律知识，提高法制观念，增强全社会依法办事意识具有重要作用。特别是在广大农村进行普法教育，是提高全民法律素质的需要。

多年来，我国在农村实行的改革开放取得了极大成功，农村发生了翻天覆地的变化，广大农民生活水平大大得到了提高。但是，由于历史和社会等原因，现阶段我国一些地区农民文化素质还不高，不学法、不懂法、不守法现象虽然较原来有所改变，但仍有相当一部分群众的法制观念仍很淡化，不懂、不愿借助法律来保护自身权益，这就极易受到不法的侵害，或极易进行违法犯罪活动，严重阻碍了全面建成小康社会和新农村步伐。

为此，根据党和政府的指示精神以及普法规划，特别是根据广大农村农民的现状，在有关部门和专家的指导下，特别编辑了这套《全国普法学习读本》。主要包括了广大人民群众应知应懂、实际实用的法律法规。为了辅导学习，附录还收入了相应法律法规的条例准则、实施细则、解读解答、案例分析等；同时为了突出法律法规的实际实用特点，兼顾地方性和特殊性，附录还收入了部分某些地方性法律法规以及非法律法规的政策文件、管理制度、应用表格等内容，拓展了本书的知识范围，使法律法规更"接地气"，便于读者学习掌握和实际应用。

在众多法律法规中，我们通过甄别，淘汰了废止的，精选了最新的、权威的和全面的。但有部分法律法规有些条款不适应当下情况了，却没有颁布新的，我们又不能擅自改动，只得保留原有条款，但附录却有相应的补充修改意见或通知等。众多法律法规根据不同内容和受众特点，经过归类组合，优化配套。整套普法读本非常全面系统，具有很强的学习性、实用性和指导性，非常适合用于广大农村和城乡普法学习教育与实践指导。总之，是全国全民普法的良好读本。

目 录

（本册全部为参考资料）

主要岗位安全操作规程

瓦工安全操作规程 …………………………………… （1）
小工安全操作规程 …………………………………… （4）
木工安全操作规程 …………………………………… （5）
钢筋工安全操作规程 ………………………………… （6）
砼工安全操作规程 …………………………………… （8）
架子工安全操作规程 ………………………………… （10）
防水工安全操作规程 ………………………………… （11）
管工安全操作规程 …………………………………… （12）
电工安全操作规程 …………………………………… （13）
电焊工安全操作规程 ………………………………… （16）
气焊工安全操作规程 ………………………………… （18）
钳工安全操作规程 …………………………………… （19）
铆工安全操作规程 …………………………………… （20）
机械维修工安全操作规程 …………………………… （22）
机床工安全操作规程 ………………………………… （22）
中小机械操作工安全操作规程 ……………………… （26）
动力机械操作工安全操作规程 ……………………… （28）
装吊工安全操作规程 ………………………………… （30）

起重机司机安全操作规程 …………………………… (38)

运输车辆司机安全操作规程 ………………………… (40)

土石方机械司机安全操作规程 ……………………… (42)

土方施工安全操作规程 ……………………………… (43)

主要机械安全操作规程

挖掘机安全操作规程 ………………………………… (45)

推土机安全操作规程 ………………………………… (49)

装载机安全操作规程 ………………………………… (51)

压路机安全操作规程 ………………………………… (53)

千斤顶安全操作规程 ………………………………… (56)

起重作业安全注意事项 ……………………………… (56)

起重机安全操作规程 ………………………………… (59)

浮运式起重船安全操作规程 ………………………… (67)

架桥机安全操作规程 ………………………………… (68)

电动葫芦安全操作规程 ……………………………… (71)

卷扬机安全操作规程 ………………………………… (72)

砂浆搅拌机安全操作规程 …………………………… (74)

蛙式打夯机安全操作规程 …………………………… (74)

汽车一般安全技术要求 ……………………………… (76)

载重汽车安全操作规程 ……………………………… (78)

皮带输送机安全操作规程 …………………………… (79)

洒水车安全操作规程 ………………………………… (80)

混凝土搅拌输送车安全操作规程 …………………… (81)

空气压缩机安全操作规程 …………………………… (83)

发电机安全操作规程 ………………………………… (85)

目 录

变压器安全操作规程 …………………………………… (87)
电力电容器安全操作规程 ……………………………… (90)
混凝土泵安全操作规程 ………………………………… (91)
混凝土泵车安全操作规程 ……………………………… (94)
插入式振动器安全操作规程 …………………………… (96)
混凝土搅拌机安全操作规程 …………………………… (97)
附着式、平板式振动器安全操作规程 ………………… (99)
混凝土切割机安全技术操作规程 ……………………… (100)
混凝土抹光机安全技术操作规程 ……………………… (100)
混凝土真空吸水泵安全技术操作规程 ………………… (101)
泥浆泵安全操作规程 …………………………………… (101)
潜水泵安全操作规程 …………………………………… (102)
高压油泵安全操作规程 ………………………………… (103)
液压滑升设备安全操作规程 …………………………… (104)
钢筋调直切断机安全操作规程 ………………………… (105)
钢筋切断机安全操作规程 ……………………………… (107)
钢筋弯曲机安全操作规程 ……………………………… (108)
剪板机安全操作规程 …………………………………… (109)
卷板机安全操作规程 …………………………………… (110)
剪冲机安全操作规程 …………………………………… (111)
电动空气锤安全操作规程 ……………………………… (112)
点焊机安全操作规程 …………………………………… (114)
对焊机安全操作规程 …………………………………… (115)
电焊机（电弧焊）安全操作规程 ……………………… (116)
焊、割设备一般安全规定 ……………………………… (117)
气焊设备安全操作规程 ………………………………… (119)

— 3 —

木工圆锯机安全操作规程 …………………………………… （123）
木工平面刨（手压刨）安全操作规程 ………………………… （124）
木工压刨床（单面和多面）安全操作规程 …………………… （125）
车床安全操作规程 ……………………………………………… （127）
钻床（立钻和摇臂钻床）安全操作规程 ……………………… （130）
刨床安全操作规程 ……………………………………………… （130）
金属锯床（弓形、圆盘、砂轮锯）安全操作规程 …………… （132）
摩擦压力机安全操作规程 ……………………………………… （133）
压刨、平刨机械安全操作规程 ………………………………… （134）
施工电梯安全操作规程 ………………………………………… （135）

主要岗位安全操作规程

瓦工安全操作规程

一、砌砖操作

1. 在施工前应检查操作环境是否符合安全要求,道路是否畅通,机具是否牢固,安全设施和防护用品是否安全,检查合格后才可以进行施工。砌筑时应对砌体部位清洁、泼水,并戴好安全帽。

2. 用塔吊吊砖前应对起吊的夹具进行检查,确认无破损后方可使用。

3. 吊砖前应搭好平台,起吊就位放稳后,方可松开夹具。

4. 上下脚手架应走斜道,严禁在墙面上站立划线、刮缝、清扫墙体和柱以及做检查、测量大角垂直等工作。

5. 墙身砌体高度超过 1.2 米时,应搭脚手架,1 层以上或高度超过 4 米时,采用里脚手架必须挂设安全网,采用外脚手架应设护身栏杆和脚手板。

6. 脚手架上堆料不得超过规定荷载,堆砖高度不得超过 3

层侧砖，同一脚手板上的操作人员不应超过2人。

7. 垂直运输器具必须满足负荷要求，牢固无损，吊运不准超载，发现问题应及时维修。

8. 夏季要做好防雨措施，严防雨水冲走砂浆，致使砌体倒塌。

9. 用起重机吊运砖时，应采用砖笼，并不得直接放于跳板上，吊砂浆的料斗不得装得过满，吊运砖时吊臂回转范围内的下面不得有人行走或停留。

10. 同一垂直面上上下交叉作业时，必须设置安全隔板。下方操作人员必须配戴安全帽。

11. 砌砖使用的工具应放在稳妥的地方，斩砖应向墙面，工作完毕应将脚手架和墙边的碎砖、砂浆清扫干净。

12. 在楼层（特别是预制板面）施工时，堆放机具、砖石等物料不得超过使用荷载，若超载必须经过验算和加固后才可进行堆放及施工。

二、抹灰粉刷

1. 室内抹灰使用木凳，金属支架应搭设平稳牢固，脚手板跨度不得大于2米。架上堆放材料不得过于集中，在同一跨度内施工不应超过两人。

2. 不准在门窗、暖气片、洗脸池等器物上搭设脚手板。阳台部位粉刷，外侧必须挂设安全网，严禁踩踏在脚手架的护身栏杆和阳台栏板上进行操作。

3. 机械喷灰喷涂应戴防护用品，压力表、安全阀应灵敏可靠，输浆管各部接口当拧紧卡牢。管路摆放顺直，避免折弯。

4. 输浆应严格按照规定压力进行，超压和管道堵塞，应卸压检修。

5. 贴面使用预制件、大理石、瓷砖等施工材料，应堆放整齐平稳，边用边运。安装稳拿稳放，待灌浆凝固稳定后方可拆除临时支撑。

6. 使用磨石机，应戴绝缘手套穿胶靴，电源线不得破皮漏电，金刚砂块安装必须牢固，经试运转正常，方可操作。

7. 各类油漆、涂料应存放在专用库房内，不得与其他材料混放。库房应通风良好，不准住人，并设置消防器材和"严禁烟火"等明显警示标志。库房与其他建筑物应保持一定的安全距离。

8. 使用煤油、汽油、松香水、丙酮等调配油料时，做好防护，严禁烟火。

9. 沾染油漆、涂料的棉纱、破布、油纸等废物，应收集存放在有盖的金属容器内，及时处理。

10. 外架上操作必须戴安全帽、拴安全绳、穿防滑鞋，工具必须放好，以免落下伤人，架体上架板必须满铺，平网不少于三道。

11. 刷外开窗扇，必须将安全带挂在牢固的地方。刷封檐板、水落管等应搭设脚手架或吊架。

12. 在施工时，要注意成品保护，不能将涂料、油漆乱丢乱放，洒落在地下的涂料、油漆应立即清理干净。

13. 截割玻璃，应在指定场所进行。截下的边角余料集中堆放，及时处理，搬运玻璃应戴手套。

14. 在高处安装玻璃，应将玻璃放置平稳，垂直下方禁止通行。安装屋顶采光玻璃，应铺设脚手架或有其他安全措施。

15. 使用的工具放入工具袋内，不准口含铁钉。玻璃安装完毕即将风钩挂好。

小工安全操作规程

1. 挖土时必须根据工作面情况，保持适当的距离，一般保持2-3米为宜，不得过挤，并采用同一方向操作；使用镐时不准戴手套。

2. 回填土方拆除支撑时，应由下而上顺序进行，不得一次拆到顶。

3. 人工打夯，应详细检查绳索、绳环、脚手架、踏板等是否符合要求，工作中应集中思想，步调一致，以防伤人。

4. 搬运较长物件时，应注意前后、左右，以防撞伤他人；转弯或放下物件时应注意安全，以防扭伤自己；搬运物件严禁在堆放的物料上行走。

5. 搬运石灰、水泥或其他有腐朽、污染、易燃易爆的物品时，应用必要的防护措施，并站立在上风工作，运输道路应采取防滑措施。

6. 从砖垛上取砖块时，应按顺序，不准一码到底，应同时拆三至四码，按阶梯式进行；禁止从中间或下边掏取，以防倒下伤人。

7. 脚手架上码放砖块高度不准超过三侧砖；每次传砖不得超过五块，最下边一块不许放断砖，一般不宜抛扔；传瓦每次不超过两块。

8. 上、下坡推车，车上应加控制刹，行车时两车距离不得少于2米（下坡更应当放长）；下坡道上严禁停放车辆，下坡时禁止人坐在车上顺坡溜滑。

9. 用手推车装运材料时，不宜倒拖；装车时，要自后而前，卸车应自前而后，防止车头翘起伤人。

10. 清理屋内杂物时，二层楼以上不准由窗口直接投扔杂物；清理出的模板、杂物应堆放于指定地点，以防钉子戳脚。

11. 使用塔式起重机、井架、混凝土搅拌机、柴油机、蛙式打夯机等机械时，应严格遵守相应机械的安全和技术操作规程。

木工安全操作规程

1. 必须遵守木工机械安全技术操作规程。

2. 室外作业必须遵守有关装吊工安全操作规程。高处作业要系安全带，安全带应挂在作业人员上方的牢固处。船边及水上作业时要穿救生衣。

3. 立模前，应检查脚手架、脚手平台、栏杆、梯子等是否完善，确认符合规定后，方可进行作业。

4. 立模时，吊具应拴挂妥当、牢靠。在模板上固定溜绳，以防模板摆动过大，撞物伤人。

5. 模板吊起对位时，应由信号员指挥，每竖立一块模板就位后，应支撑牢靠，方可摘钩，以防模板倾倒压伤人。

6. 模板支撑不得使用腐朽、开裂、劈裂的材料，顶撑要垂直，底端平整坚实，并加垫木。木楔要钉牢，并用横竖拉杆和剪刀撑固定。

7. 采用桁架支模应严格检查，发现严重变形，螺栓松动等隐患应及时修复。

8. 支模应按工序进行，模板没有固定前，不得进行下道工序，禁止利用拉杆、支撑攀登上、下。

9. 整节模板合拢后，应先打好内撑，装好外模顶端两道箍筋，以便保持模板的整体性，否则中途不得停止作业。

10. 使用电钻钻孔或穿拉杆螺栓时，应通知对方避开钻头和螺栓孔的位置，以防钻头和螺栓杆伤人。

11. 模板拆除前，应先将被拆模板的吊具栓固牢靠。拆模者应拴挂安全带，站立的位置应安全可靠。

12. 拆除模板时，应用撬棍把模板拆松，离开砼面，操作时应按顺序分段进行，严禁猛撬、硬撬或大面积撬落和拉倒。下放模板时，缓慢下落，严禁抛掷，下方作业人员应离开上方模板拆除处一定的距离，以防物体坠落伤人。拆下的模板应及时运送到指定地点集中堆放，防止钉子扎脚，钉尖外露的应拔除或打弯锤平。

13. 搭设临时房屋（值班房、操作室）时，如无脚手板或安全网，应挂好安全带或采取其他防范措施，禁止在石棉瓦上行走。使用的梯子应稳妥牢固。

钢筋工安全操作规程

1. 必须遵守钢筋机械安全操作规程。

2. 应根据不同作业项目，按规定正确穿戴劳动防护用品，如工作服、安全帽、手套、护目镜、口罩等。

3. 检查使用的工具以及机械设备是否完好，作业场所的环境是否整洁，对焊机四周的防火设备是否完善，电气设备的安装是否符合要求，夜间作业点是否有足够的照明等，双层作业中，检查下层作业的安全防护设施，确认符合要求，完好可靠后，方可进行作业。

4. 多人抬运长钢筋时，负荷应均匀，起落、转向、停放和走行要一致，以防扭腰砸脚。上下传递钢筋，不得站在同一垂直线上。

5. 用吊机吊送钢筋时，选用的吊具应符合吊重量的安全规定，拴挂吊具捆绑钢筋应牢靠，位置应正确，并有信号员指挥，必要时还要拴溜绳。吊送钢筋时，基坑或模板内的人员应散开或离开现场，以免钢筋滑落或摆动伤人。

6. 吊送钢筋时，扒杆摆动的范围内严禁站人，以防钢筋滑落伤人。

7. 绑扎墩（台）钢筋时，应先检查脚手架或平台栏杆等安全设施是否完善牢靠。如有缺陷应处理好后方可作业，在钢筋密集处作业时，钢筋绑扎与电焊尽量不要同时作业，确需同时作业时，应有防护措施，以防电弧光击伤眼睛或焊渣烧伤。

8. 绑扎新型结构时，应熟悉绑扎方案和工艺，以及安全操作规定，如果不明确时，可要求重新交底，不得盲目操作。

9. 起吊或绑扎钢筋靠近架空高压电线路时，应有隔离防护设施，以防钢筋接触电线而发生事故。

10. 钢筋为易导电材料，因此，雷雨天气应停止露天作业，以防电击伤人。

11. 在高处进行钢筋绑扎作业时，应搭好作业平台或拴好安全带，安全带应挂在作业人员上方牢靠处。

12. 不得在绑扎好的钢筋或模板拉杆、支撑上行走和攀登，以防坠落伤人。

13. 起吊预制钢筋骨架时，钢筋骨架本身应形成稳定结构，必要时需加临时斜撑、支撑。吊具栓的方向、位置应正确。拴挂牢靠并拴挂溜绳。起吊时，其下方禁止站人。必须待骨架降落到距地面（或底模）1米以下方准靠近，在骨架就位支撑好后，方可摘钩，以防钢筋骨架倾倒伤人。

14. 拉直钢筋，卡头要卡牢，地锚要结实牢固，拉筋沿线2米区域内禁止行人。

15. 展开盘圆钢筋要一头卡牢，防止回弹。人工断料，工具必须牢固，打锤要站成斜角，注意扔锤区域内的人和物体。切断短于30厘米的短钢筋，应用钳子夹牢，禁止用手把扶，并在外侧设置防护箱笼罩。

16. 绑扎基础钢筋时，应按设计规定摆放钢筋支架或马凳架起上部钢筋，不得任意减少支架或马凳。

17. 冷拉卷扬机前应设置防护挡板，没有挡板时，应将卷扬机与冷拉方向成90°，并采用封闭式导向滑轮，操作时要站在防护挡板后，冷拉场地不准站人和通行。

18. 冷拉钢筋要上好夹具，人员离开后再发开车信号。发现滑动或其他问题时，要先行停车，放松钢筋后，才能重新进行操作。

砼工安全操作规程

1. 应熟悉和掌握砼性能和施工基本知识，本工种所使用的机具性能，作业对象的技术要求和安全操作规定。

2. 应根据不同的作业项目，按规定正确佩戴好劳动防护用品，如安全帽、口罩、胶鞋、手套等。

3. 作业前应检查作业场所的环境、安全状况、安全防护设施等，如灌注平台、减速漏斗的拴挂、砼运输道等，确认符合有关安全规定后，方可进行作业。

4. 检查所用的工具设备，确认完好方可使用。

5. 检查作业场所电气设备安装是否符合用电安全规定，夜间作业点是否有足够的照明和安全电压工作灯。

6. 应避开双层作业，确实无法避开时，对下层设置的安全防护设施，确认完善可行后，方可进行作业。

7. 作业前应了解施工方法、步骤、质量要求、劳动分工、施工安全措施，机具设备的安全使用要求等。

8. 使用震动泵应穿胶鞋，湿手不得接触开关，电源线不得有破皮漏电。

9. 采用胶轮斗车人工推送混凝土物料时，走行速度不宜过快，在有坡道的位置推送时，严禁溜放，转弯时，车速应慢，小车间隔距离平道应2米以上，坡道应在10米以上，不得在二车之间穿行。卸料时，在卸料处设置挡轮木，使车身逐步倾斜，以防过快，车翻伤人。

10. 用汽车、牵引车、机驳船和吊斗运送砼时，道路应坚实、平整、船应停稳，吊斗应对正车或船的重心放置，不得偏载，吊斗底部不能使其滑动，车船行速不宜过快，发防吊斗倒下发生事故，水上作业时要穿好救生衣。

11. 采用卷扬机牵引平车送料时，应保持牵引绳旁边无障碍物，作业人员不应在工作的牵引绳旁或机车的前端站立和停留。

12. 采用砼泵输送砼时，泵与振捣点之间应设有联络信号，以防砼喷出失控伤人。

13. 采用装载机上料时，骨料向装料车内倾泻时，喂料人员不得站在料斗架与装载机之间，以防被装载机撞伤；采用皮带运输机上料时，不得在工作的皮带上站立或跨越，也不得在皮带下停留和通过；采用爬斗上料时，喂料人员应站立在离爬斗边缘外的适当位置，爬斗提升时，严禁下坑作业，以防爬斗坠落伤人。

14. 清除爬斗坑作业时，应将爬斗提升到行当高度，并将爬斗拴挂牢靠。

15. 当拌和机运转时，不准将工具伸入拌和机转筒内作业，也严禁将头或手伸入提升的进料斗或机架间查看情况。进入拌和机转筒内清除残存砼或其他作业前，应将电源切断，取出保险，确认安全可靠方可进入。

16. 经常清除拌和机漏斗下残存的砼和砂石料，以保持轨道畅通。

17. 砼振捣人员的作业场所，脚手板、栏杆等安全防护设施必须齐全可靠。下砼时，速度应缓慢，且必须等吊斗停稳后方可下料，要避免吊斗碰撞平台上作业人员的现象。

架子工安全操作规程

1. 钢管脚手架应用外径48-51毫米、壁厚3-3.5毫米的钢管，长度以4-6.5米和2.1-2.3米为宜。有严重锈蚀、弯曲、压扁或裂纹的材料不得使用。扣件应有出厂合格证明，发现有脆裂、变形、滑丝的材料禁止使用。

2. 钢管脚手架的立杆应垂直稳放在金属底座或垫木上，立杆间距不得大于2米；大横杆间距不得大于1.2米；小横杆间距不得大于1.5米。钢管立杆、大横杆接头应错开，要用扣件连接拧紧螺栓，不准用铁丝绑扎。

3. 脚手架两端、转角处以及每隔6-7根立杆应设剪刀撑和支杆，剪刀撑和支杆与地面的角度应不大于60度，支杆底端要埋入地下不小于30厘米。架子高度在7米以上或无法设支杆时，每增高4米，水平每间隔7米，脚手架必须同建筑物连接牢固。

4. 架子的铺设宽度不得小于1.2米。脚手板须满铺，距离墙体不得大于20厘米，不得有空隙和探头板。脚手板搭接时不得小于20厘米；对头接时应架设双排小横杆，间距不大于20厘米。在架子拐弯处脚手架应交叉搭接。垫平脚手板应用木板，并且要钉牢，不得用砖瓦待代替。

5. 脚手架的外侧、斜道和平台，要绑1米高的防护栏杆和钉18厘米高的挡脚板或防护立网。

6. 墙体高度超过4米时，必须在外墙搭设能承受160公斤荷重的安全网或防护挡板。多层建筑应在二层和每隔四层设一道固定的安全网。同时再设一道跟随施工高度提升的安全网。

7. 拆除脚手架期间，周围应设置围栏和警戒标志，并设专人看管，禁止入内。拆除应按顺序由上而下，一步一清，不准上下同时作业。

8. 除脚手架大横杆、剪刀撑，应先拆除中间扣件，再拆除两头扣件，由中间操作人往下顺杆子。

9. 拆下的脚手杆、脚手板、钢管、扣件、钢丝绳等材料，应向下传递或用绳吊下，禁止往下投扔。

防水工安全操作规程

1. 患皮肤病、眼结膜以及对沥青有严重敏感的工人，不得从事沥青工作。沥青作业每天适当增加间隔时间。

2. 装卸、搬运、熬制、铺设沥青，必须使用规定的防护用品，皮肤不得外露。装卸、搬运碎沥青，必须洒水，防止粉末飞扬。

3. 熬制沥青地点不得设在电线的垂直下方，一般应距建筑物25米；锅与锅之间距离应大于2米；锅与烟囱的距离应大于80厘米；火口与锅边，应有高70厘米的隔离设施。临时堆放沥青、燃料的场地，离锅不小于5米。

4. 熬油前，应清除锅内杂质和积水。

5. 熬油必须由有经验的工人看守，要随时测量控制油温，熬油量不得超过油锅容量的四分之三，下料应慢慢溜放，严禁大块投放。下班熄火，关闭炉门，盖好锅盖。

6. 锅内沥青着火，应立即用铁锅盖盖住，停止鼓风，封闭炉门，熄灭炉火，并严禁在燃烧的沥青中浇水，应用干砂、湿麻袋灭火。

7. 屋面铺设卷材，四周应设置1.2米高的围栏，靠近屋面四周沿边应侧身操作。

管工安全操作规程

1. 用车辆运输管材、管件，要绑扎牢固，人力搬运，起落要一致，通过沟、坑、井等路段时，要搭好马道，不得负重跨越。用滚杠运输，要防止压脚，并不准徒手直接调整滚杠。管子滚动前方，不得有人停留。

2. 用锯床、锯弓、切管器、砂轮切管机切割管子，要垫平卡牢，用力不得过猛，临近切断时，用手或支架托住。砂轮切管机砂轮片应完好，操作时，应站侧面。

3. 火焰煨弯机的气压表、水压表、减压阀应灵敏可靠，水封回火器必须保持安全水位。乙炔压力控制在 0.5-1.5 公斤/平方厘米，氧气压力控制在 4-6 公斤/平方厘米之间。工作完毕，应断水断电。

4. 手提式砂轮机应有防护罩，操作时，站在砂轮片径向侧面，并戴绝缘手套或站在绝缘板上。

5. 沟内施工，遇有土方松动、裂缝、渗水等，应及时加设固侧壁支撑。禁止用固壁支撑代替上、下扶梯和吊装支架。

6. 化铅锅要安设稳固，露天化铅要有防雨措施。操作时应戴手套，将铅慢慢放入锅内，禁止熔化潮湿的铅块。

7. 管道吊装时，倒链应完好可靠，吊件下方禁止站人，管子就位卡牢后，方可松倒链。

8. 管道吹扫、冲洗时，应缓慢开启阀门，以免管内物料冲击，产生水锤、汽锤。

电工安全操作规程

1. 所有绝缘、检验工具，应妥善保管，严禁他用，并应定期检查、校验。

2. 现场施工用高低压设备及线路，应按施工设计及有关电气安全技术规程安装和架设。

3. 线路上禁止带负荷接电或断电，并禁止带电操作。

4. 有人触电，立即切断电源，进行急救；电气失火，应立即将有关电源切断后，使用泡沫灭火器或干砂灭火。

5. 安装高压开关，自动空气开关等有返回弹簧的开关设备时，应将开关置于断开位置。

6. 多台配电箱（盘）并列安装时，手指不得放在两盘的接合处，也不得触摸连接螺孔。

7. 电杆用小车搬运应捆绑卡牢。人抬时，动作一致，电杆不得离地过高。

8. 人工立杆，所用叉木应坚固完好，操作时，互相配合，用力均衡。机械立杆，两侧应设溜绳。立杆时，坑内不得有人，基础夯实后，方可拆出叉木或拖拉绳。

9. 登杆前，杆根应夯实牢固。旧木杆杆根单侧腐朽深度超过杆根直径八分之一以上时，应经加固后方能登杆。

10. 登杆操作脚扣应与杆径相适应。使用脚踏板，钩子应向上。安全带应拴于安全可靠处，扣环扣牢，不准拴于瓷瓶或横担上。工具，材料应用绳索传递，禁止上、下抛扔。

11. 杆上紧线应侧向操作，并将夹紧螺栓拧紧，紧有角度的导线，应在外侧作业。调整拉线时，杆上不得有人。

12. 紧线用的铁丝或钢丝绳，应能承受全部拉力，与导线的连接，必须牢固。紧线时，导线下方不得有人，单方向紧线时，反方向应设置临时拉线。

13. 电缆盘上的电缆端头，应绑扎牢固，放线架、千斤顶应设置平稳，线盘应缓慢转动，防止脱杆或倾倒。电缆敷设到拐弯处，应站在外侧操作，木盘上钉子应拔掉或打弯。雷雨时停止架线操作。

14. 进行耐压试验装置的金属外壳须接地，被试设备或电缆两端，如不在同一地点，另一端应有人看守或加锁。对仪表、接线等检查无误，人员撤离后，方可升压。

15. 电气设备或材料，作非冲击性试验，升压或降压，均应缓慢进行。因故暂停或试压结束，应先切断电源，安全放电，并将升压设备高压侧短路接地。

16. 电力传动装置系统及高低压各型开关调试时，应将有关的开关手柄取下或锁上，悬挂标示牌，防止误合闸。

17. 用摇表测定绝缘电阻，应防止有人触及正在测定中的线路或设备。测定容性或感性材料、设备后，必须放电。雷雨时禁止测定线路绝缘。

18. 电流互感器禁止开路，电压互感器禁止短路和以升压方式运行。

19. 电气材料或设备需放电时，应穿戴绝缘防护用品，用绝缘棒安全放电。

20、现场变配电高压设备，不论带电与否，单人值班不准超过遮栏和从事修理工作。

21. 在高压带电区域内部分停电工作时，人与带电部分应保持安全距离，并需有人监护。

22. 变配电室内、外高压部分及线路，停电作业时：

（1）切断有关电源，操作手柄应上锁或挂标示牌。

（2）验电时应穿戴绝缘手套、按电压等级使用验电器，在设备两侧各相或线路各相分别验电。

（3）验明设备或线路确认无电后，即将检修设备或线路做短路接电。

（4）装设接地线，应由二人进行，先接接地端，后接导体端，拆除时顺序相反。拆、接时均应穿戴绝缘防护用品。

（5）接地线应使用截面不小于 $25mm^2$ 多股软裸铜线和专用线夹，严禁用缠绕的方法，进行接地和短路。

（6）设备或线路检修完毕，应全面检查无误后方可拆除临时短路接地线。

23. 用绝缘棒或传动机构拉、合高压开关，应戴绝缘手套。雨天室外操作时，除穿戴绝缘防护用品外，绝缘棒应有防雨罩，并有人监护。严禁带负荷拉、合开关。

24. 电气设备的金属外壳，必须接地或接零。同一设备可做接地和接零。同一供电网不允许有的接地有的接零。

25. 电气设备所有保险丝（斤）的额定电流应与其负荷容量相适应。禁止用其他金属线代替保险丝（片）。

26. 施工现场夜间临时照明电线及灯具，一般高度应不低于2.5米，易燃、易爆场所应用防爆灯具。照明开关、灯口、插座等，应正确接入火线及零线。

27. 穿越道路及施工区域地面的供电线路应埋设在地下，并作标记。供电线路不能盘绕在钢筋等金属构件上，以防绝缘层破裂后漏电。在道路上埋设前应先穿入管子或采取其他防护措施，以防被碾压受损，发生意外。

28. 工地照明尽可能采用固定照明灯具，移动式灯具除保证绝缘良好外，还不应有接头，使用时也要作相应的固定，应放在不易被人员及材料、机具设备碰撞的安全位置，移动时，线路（电缆）不能在金属物上拖拉，用完后及时收回保管。

29. 严禁非电工人员从事电工作业。

电焊工安全操作规程

1. 必须遵守焊、割设备一般安全规定及电焊机安全操作规程。

2. 电焊机外壳，必须接地良好，其电源的装拆应由电工进行。

3. 电焊机要设单独的开关，开关应放在防雨的闸箱内，毕合时应戴手套侧向操作。

4. 焊钳与把线必须绝缘良好，连接牢固，更换焊条应戴手套，在潮湿地点工作，应站在绝缘胶板或木板上。

5. 严禁在带电和带压力的容器上或管道上施焊，焊接带电的设备必须先切断电源。

6. 焊接贮存过易燃、易爆、有毒物品的容器或管道，必须清除干净，并将所有孔口打开。

7. 在密闭金属容器内施焊时，容器必须可靠接地，通风良好，并应有人监护，严禁向容器内输入氧气。

8. 焊接预热工件时，应有石棉布或挡板等隔热措施。

9. 把线、地线禁止与钢丝绳接触，更不得用钢丝绳索或机电设备代替零线，所有地线接头，必须连接牢固。

10. 更换场地移动把线时，应切断电源并不得手持把线爬梯登高。

11. 清除焊渣或采用电弧气刨清根时，应戴好防护眼镜或面罩，防止铁渣飞溅伤人。

12. 多台焊机在一起集中施焊时，焊接平台或焊件必须接地，并应有隔光板。

13. 钍钨板要放置在密闭铅盒内，磨削钍钨板时，必须戴手套、口罩，并将粉尘及时排除。

14. 二氧化碳气体预热器的外壳应绝缘，端电压不应大于36V。

15. 雷雨时，应停止露天焊接作业。

16. 施焊场地周围应清除易燃易爆物品，或进行覆盖、隔离。

17. 必须在易燃易爆气体或液体扩散区施焊时,应经有关部门检试许可后,方可施焊。

18. 工作结束应切断焊机电源,并检查工作地点,确认无起火危险后,方可离开。

气焊工安全操作规程

1. 必须遵守焊、割设备一般安全规定及气焊设备安全操作规程。

2. 施焊场地周围应清除易燃易爆物品,或进行覆盖、隔离,必须在易燃易爆气体或液体扩散区施焊时,应经有关部门检试许可后,方可进行。

3. 乙炔发生器必须设有回火防止安全装置。氧气瓶、乙炔瓶、氧气、乙炔表及焊割工具上,严禁沾染油脂。

4. 乙炔发生器的零件和管路接头,不得采用紫铜制作。

5. 高、中压乙炔发生器应可靠接地,压力表、安全阀应定期校验。

6. 乙炔发生器不得放在民线的正下方,与氧气瓶不得放一处,距易燃易爆物品和明火的距离,不得少于10米。检验是否漏气,要用肥皂水,严禁用明火。

7. 氧气瓶、乙炔瓶应有防震胶圈,旋紧安全帽,避免碰撞和剧烈震动,并防止曝晒。

8. 乙炔气管用后需清除管内积水,胶管防止回火的安全装置冻结时,应用热水加热解冻,不准用火烤。

9. 点火时,焊枪口不准对人,正在燃烧的焊枪不得放在工件或地面上。带有乙炔和氧气时,不准放在金属容器内,以防气体逸出，发生燃烧事故。

10. 不得手持连接胶管的焊枪爬梯、登高。

11. 严禁在带压的容器或管道上焊、割，带电设备应先切断电源。

12. 在贮存过易燃易爆及有毒物品的容器或管道上焊、割时，应先清除干净，并将所有孔、口打开。

13. 铅焊时，场地应通风良好，皮肤外露部分应涂护肤油脂。工作完毕应洗漱。

14. 工作完毕，应将氧气瓶、乙炔气瓶阀关好，拧上安全罩。检查操作场地，确认无着火危险，方准离开。

15. 氧气瓶、乙炔气瓶分开，贮放在通风良好的库房内。吊运时应用吊篮，工地搬运时，严禁在地面上滚，应轻抬轻放。

16. 焊、割作业人员从事高空、水上等作业，必须遵守相应的安全规定。

17. 严禁无证人员从事焊、割作业。

钳工安全操作规程

1. 使用锉刀、刮刀、錾子、扁铲等工具，不可用力过猛。錾子，扁铲有卷边、裂纹，不得使用，顶部有油污要及时清除。

2. 使用手锤、大锤，不准戴手套，锤柄、锤头部位不得有油污。打大锤时，甩转方向不得有人。

3. 使用钢锯时工件要夹牢，用力要均匀。工件将锯断时，要用手或支架托住。

4. 使用活扳手，扳口尺寸应与螺帽尺寸相符，不应在手柄上加套管。高空操作应使用死扳手，作业人员要系好安全带。如用活扳手，要用绳子拴牢。

5. 使用台虎钳，钳把不得作套管加力或用手锤敲打，所夹工件不得超过钳口最大行程的三分之二。

6. 在同一工作台两边凿、铲物件，中间应设防护网，单面工作台，要一面靠墙。

7. 检查设备内部，要用安全行灯或手电筒，禁用明火。对头重脚轻、容易倾倒的设备，一定要垫实、撑牢。

8. 拆卸设备部件，应放置稳固，装配时，严禁用手插入连接面或探摸螺孔。取放垫铁时，手指应放在垫铁的两侧。

9. 在倒链吊起的部件下检修、组装时，应将链子打结保险，并用枕木或支架等垫稳。

10. 设备清洗、脱脂的场地，要通风良好，严禁烟火。清洗零件最好用煤油，用过的棉纱、布头、油纸等应收集在金属容器内。

11. 设备试运转，严格按单项安全技术措施进行。运转时，不准擦洗和清理、修理，并严禁将头，手伸入机械行程范围内。

铆工安全操作规程

1. 构件摆放及拼装，必须卡牢，移动、翻身时撬杠支点要垫稳，滚动或滑动时，前方不可站人。

2. 组装大型构件，连接螺栓必须紧固，点焊部分必须焊牢。圆筒形工件，应固定垫好。

3. 滚动台两侧滚轮应保持水平，拼装体中心垂线与滚轮中心夹角不得小于35°，工件移动线速度，不得超过3m/min。

4. 在滚动台（转台）上拼装容器，采用卷扬机牵引，钢丝绳必须沿容器表面由底部引出，并在相反方向设置保险引绳，防止容器脱落。

5. 大锤的木把应材质坚实，有韧性，安装牢固，锤头必须平整，无缺棱、裂纹、卷边等缺陷。打锤严禁戴手套，二人以上同时打锤不得对站，掌平锤头部要避开，要用工具指示打锤。

6. 风铲、风管接头、阀门等应完好，铲头有裂纹禁止使用，工作中及时清理毛刺，铲头前不准有人。更换铲头，枪口必须朝地，禁止面对风枪口。

7. 操作平台必须接地良好，接地电阻不大于10Ω。

8. 卷板展开时，拉伸索具必须牢固，展开方向两侧及板上不准站人，松索或切板时严防钢板回弹。

9. 使用平板机应站在两侧，钢板过长应用托架式小车托位或吊车配合，钢板上不准站人。卷板时应站在卷板机两侧，钢板滚到尾端，要留足够余量，以免脱落，卷大直径筒体，防止回弹。

10. 用调直机调直或弯型钢，要安放平稳卡牢，移动型钢时，手应在外侧。顶端必须焊有手柄。

11. 使用剪板机剪切钢板，应放置平稳，剪板时，上剪未复位不可送料。手不得伸入压力下方。不准剪切超过规定厚度和压不到位的窄钢板。

12. 使用刨边机时工件必须卡牢，小车行走轨道不得有障碍物。清除刨屑时要停车。

13. 现场配合施工时，要遵守有关相应的安全规定。

机械维修工安全操作规程

1. 工作环境应干燥整洁，不得堵塞通道。

2. 多人操作的工作台，中间应设防护网，对面方向操作时应错开。

3. 扁铲、冲子等尾部不准淬火，出现卷边裂纹时应及时处理，剔铲施工工件时应防止铁屑飞溅伤人，活动扳手不准反向使用，打大锤时不准戴手套，在大锤甩转方向上不准有人。

4. 清洗用油、润滑油脂及废油脂，必须指定地点存放。废油、废棉纱不准随地乱丢。

5. 用台钳夹工件，应夹紧夹牢，所夹工件不得超过钳口最大行程的三分之二。

6. 机械解件，要用支架，架稳垫实，有回转机构者要卡死。

7. 修理机械，应选择平坦坚实地点停放，支撑牢固和楔紧，使用千斤顶时，必须用支架垫稳。

8. 不准在发动状态的车辆下面操作。

9. 架空试车，不准在车辆下面工作或检查，不准在车辆前方站立。

10. 检修中的机械，应有"正在修理、禁止开动"的示警标志，非检修人员，一律不准发动或转动机械。检修中，不准将手伸进齿轮箱或用手指找正对位对孔。

机床工安全操作规程

一、一般要求

1. 工作环境应干燥整洁，废油、废棉纱不准随地乱丢，原材料、半成品、成品必须堆放整齐，严禁堵塞通道。

2. 操作机床时要站在木踏板上，不准脚踩或倚靠机床。拆装工件时要切断机床电源。

3. 所有工、夹、量具必须完好适用，存放在固定位置，不准放在机床导轨及工作台上。禁止在运转的机床上面递送工具及其他物件。

4. 机床运转中，不准徒手清除铁屑，不准徒手检查运动中的工具和工件。

5. 机床运转中如遇停电，应切断电源退出刀架。

二、车床

1. 装卸卡盘，应在主轴孔内穿进铁棍或坚实木棍作保护。

2. 加工偏心工件，应加配重铁平稳，并低速切削。

3. 细长工件应装中心架，工件长度超过床头箱外1米时，必须搭设支架。

4. 高速切削大型工件时，不准紧急制动和突然变换旋转方向。如需换向，要先停车。

5. 打磨或抛光工件时，刀架要退到安全位置，防止衣袖触及工件或胳膊碰到卡盘。

6. 在立车上装卸工件时，应先将刀架放在安全位置，人不能站在转盘上。车削薄壁工件时，应注意卡紧，并严格控制切削速度，随时紧固刀架螺丝，车刀不宜伸出过长。

三、钻床

1. 钻头和工件必须卡紧固定，不准用手拿工件钻孔，钻薄工件时，工件下面应垫好平整木板。

2. 钻头排屑困难时，进钻和退钻应反复交替进行。

3. 操作人员的头部不得靠近旋转部位，禁止戴手套和用管子套在手柄上加力钻孔。

4. 摇臂旋转范围内，不得堆放物件及站立闲人。

四、铣床

1. 加工工件时，应先开动铣轴，后进刀。

2. 铣床自动进刀时，进给应在刀具未与工件接触之前进行。刀具必须装夹牢固。

3. 高速切削时，应注意工件的进给方向与铣刀的旋转方向，避免铁屑飞出伤人。

五、刨床

1. 工件必须卡紧，刨削前应先将刨刀升高，方可开车。

2. 刨削前要调整好刨刀位置，避免吃刀过大或过小。

3. 牛头刨的操作人员必须站在工作台两侧，其最大行程内不准站人，严禁头或手伸进刀具行程内检查工作。

4. 龙门刨的床面上严禁站人或堆放物件，床面伸出部分和单臂龙门刨的侧面应装置防护栏杆。

5. 刀架螺丝要随时紧固，以防刀具突然脱落，刨刀不宜伸出过长。

6. 切削过程中发现工件松动或位移时，必须停车找正紧固。

六、磨床

1. 磨床启动前应检查，砂轮的防护罩必须牢固，砂轮不准有裂纹或其他缺陷，用手扳动砂轮时，不得有阻滞或晃动现象。确认无误后，方可启动并空转几分钟。

2. 快速进给时，砂轮与工件应平稳接触，工作台移动时，应先与砂轮脱开。

3. 湿磨砂轮在停车前，应先关闭冷却液，继续转数分钟，待砂轮所吸附的水分甩干为止。

4. 修整砂轮必须用专用刀具，禁用凿子或其他钳工工具。手工修整，刀具架的底面必须能抵在磨床导板或垫架上，机动修整进给量要平稳，人要站在侧面。

5. 砂轮中心与磨床主轴中心必须同心，装配时严禁用坚硬工具使劲敲打。

七、锻压设备

1. 车间内气温低于0℃时，锻压前应先将锻锤、砧子、模具和工夹预热至100℃左右。

2. 汽锤在工作前，必须排除汽缸内的冷凝水，并检查气管和阀门是否漏气。

3. 开锤必须听从掌钳的指挥。装卸工件，应先将锤固定好，锤击开始时落距要小。

4. 夹钳必须与工件大小形状相适应。工件必须夹紧，掌钳者手指不准放在钳柄之间，钳柄应放在身体侧面，不准正对腹部、胸部。

5. 锻造时应清除附着在锻件表面上的氧化皮。锻好的工件投掷时，必须注意周围是否有人或障碍物。

6. 断料时，切口正面不准有人。

八、冲床

1. 工作前，离合器应放在空位上。

2. 送（取）工件时，脚要离开踏板，严禁用手伸到胎具内调整或送（取）工件。

3. 脚踏板周围应保持清洁。工作台上不准堆放工具及其他物件。

中小机械操作工安全操作规程

一、砼、泥浆搅拌机。

1. 搅拌机必须安置在坚实的基础上，砼搅拌司机还应熟悉砼工操作规程。

2. 开动搅拌机前应检查离合器、制动器、钢丝绳等设备是否完好，滚筒内不得有异物，并检查电线路绝缘良好。

3. 进料斗升起时，严禁任何人在料斗下通过或停留。工作完毕后应将料斗固定好。

4. 运转时，严禁将工具及身体的任何一部位伸进滚筒内。

5. 现场检修时，应固定好料斗，切断电源。进入滚筒时，外面应有人监护。

二、卷扬机

1. 卷扬机应安装在平整、坚实、视野良好的地点，机身和地锚必须牢固。卷扬筒与导向滑轮中心线应对正；卷扬机距滑轮间距一般应不少于15米。

2. 作业前，应检查钢丝绳、离合器、制动器、保险棘轮、传动滑轮等，确认安全可靠，方准操作。

3. 钢丝绳在卷筒上必须排列整齐，作业中卷筒上至少需保留三圈钢丝绳。

4. 作业时，不准跨越卷扬机的钢丝绳。

5. 吊运重物需在空中停留时，除使用制动器外，并应用保险棘轮卡牢。

6. 操作中，严禁擅自离开岗位。

7. 工作中要听从指挥人员的信号，信号不明或存在安全隐患时，应暂停操作，待弄清情况后方可继续作业。

8. 作业中突然停电，应立即断开闸刀，并将运送物件放下。

三、砂轮机

1. 砂轮面不准装倒顺开关、旋转方向禁止对着主要通道。

2. 工件托架必须安装牢固、托架平面要平整。

3. 操作时，应站在砂轮机侧面，不准两人同时使用一个砂轮机。

4. 砂轮不符合标准、有裂纹、和磨损剩余部分不足25毫米的不准使用。

5. 手提电动砂轮的电源线，不得有破皮漏电。使用时，要戴绝缘手套，先启动，后接触工件。

四、手电钻

1. 手电钻的电源线不得有破皮漏电，使用时应戴绝缘手套。

2. 操作时，应先启动，后接触工件。钻薄工件要垫平垫实，钻斜孔要防止滑钻。

3. 操作时应用杠杆加压，不准用身体直接压在上面。

五、倒链

1. 倒链的链轮盘、倒卡、链条，如有变形和扭曲，严禁使用。

2. 操作时，不准站在倒链正下方。

3. 重物需要在空间停留较长时间时，要将小链拴在大链上。

六、千斤顶

1. 操作时，千斤顶应放在平整坚实的地方，并用垫木垫好垫平。

2. 丝杆、螺母如有裂纹，禁止使用。

3. 使用油压千斤顶，禁止站在保险塞的对面，并不准超载。

4. 千斤顶提升最大工作行程，不应超过丝杆或齿条全长的75%。

动力机械操作工安全操作规程

一、内燃机

1. 内燃机房与燃油贮存地点的安全距离应大于20米。

2. 摇车启动时，应五指并拢握紧摇柄，从下向上提动，禁止从上向下硬压或连续摇转。用手拉绳启动时，不准将绳绕在手上。

3. 温度过高而需打开水箱盖时，防止蒸汽或水喷出烫伤。

二、发电机

1. 发电机室应设置砂箱或四氯化碳灭火机等防火设备。

2. 发电机到配电盘和一切用电设备上的导线，必须绝缘良好，接头牢固，并架设在绝缘支柱上，不准拖在地面上。

3. 发电机运转时，严禁人体接触带电部位。必须带电作业时，应有绝缘防护措施。

三、空气压缩机

1. 输气管应避免急弯，打开送风阀前，必须事先通知工作地点的有关人员。

2. 空气压缩机出气口处不准有人工作。储气罐放置地点应通风，严禁日光曝晒和高温烘烤。

3. 压力表、安全阀、调节器等应定期进行校验，保持灵敏有效。

4. 发现气压表、机油压力表、温度表、电流表的指示值突然超过规定或指示不正常，发生漏水、漏气、漏电或冷却液突然中断，发生安全阀不停放气或空压机声响不正常等情况，而且不能调整时，应立即停车检修。

5. 严禁用汽油或煤油洗刷曲轴箱、滤清器或其他空气通路的零件。

6. 停车时应先降低气压。

四、低压蒸汽锅炉

1. 生火前，应检查各阀门水管、汽管、压力表、安全阀、水位表、排污阀等是否处在完好状态。

2. 锅炉用水要经软化处理，并保持清洁，不准含有油脂。

3. 水位表的玻璃管外应装置坚固的防护罩，外部应保持清洁。每班应冲洗一次，察看水位表里的水面是否能迅速上升或下降。如在运行时看见水位表内有水面呆滞不跳动，应立即查明原因，防止形成假水位。

4. 锅炉上的安全阀，不得任意调节。当压力表到达许可工作压力80%以上时，应使安全阀排气一次。严禁将阀杆缚住或嵌住。

5. 锅炉升压后，应检查汽阀是否灵敏，并应经常注意水位，使其保持在水位表2/3的位置。

6. 发现锅炉有下列情况之一时，应紧急停炉：

（1）气压迅速上升超过许可工作压力，虽安全阀已开足，但气压仍在继续上升；

（2）水位表内已看不见水位或水位表内水位下降很快，虽然加水仍继续下降；

（3）压力表、水位表、安全阀、排污阀及给水等附件其中有一件全部失灵者。

(4) 炉胆或其他管道烧红变形,以及严重漏水、漏气等。

7. 紧急停炉时,首先应停止燃烧,关闭风门,打开炉门和放气阀,如因缺水事故,严禁向炉内立即加水。

装吊工安全操作规程

一、一般要求

1. 熟识和掌握装吊工一般知识及作业对象的操作技术和安全操作规程,并经培训教育考试合格,持有安全操作合格者,方可独立操作。

2. 检查作业场所的环境、安全设施等,确认符合有关安全规定,方可进行作业。作业时,按规定正确;佩戴和使用劳动防护用品,如安全帽、安全带、手套、救生衣等。

3. 掌握和检查所使用工具、设备的性能,确认是否完好,方可使用。

4. 检查作业场所的电气设施是否符合安全用电规定,夜间作业是否有足够的照明和安全电压工作灯。

5. 尽量避开双层作业,确属无法避开时,应对下层采取隔离防护措施,确认完善可靠后,方可进行作业。

6. 在使用起重机械作业时,应严格遵守有关机械的安全操作规定,不得要求司机违章起吊。

7. 钢结构拼装遇到螺栓孔错位时,应用尖头工具校正孔位,严禁用手指头在孔内探摸,以防挤伤。

二、起重作业

1. 起吊重物件时,应确认所起吊物件的实际重量,如不明确时，应经操作者或技术人员计算确定。

2. 拴挂吊具时，应按物件的重心，确定拴挂吊具的位置；用两支点或交叉起吊时，吊钩处千斤绳、卡环、起重钢丝绳等，均应符合起重作业安全规定。

3. 吊具拴挂应牢靠，吊钩在作业过程中应封钩，以防在起吊过程中钢丝绳滑脱；捆扎有棱角或利口的物件时，钢丝绳与物件的接触处，应垫以麻袋、橡胶等物；起吊长、大物件时，应拴溜绳。

4. 起吊细长杆件的吊点位置，应经计算确定，凡沿长度方向重量均等的细长物件吊点拴挂位置可参照以下规定办理：

（1）单支点起吊时，吊点距被吊杆件一端全杆长的 0.3 倍处。

（2）双支点起吊时，吊点距被吊杆件端部的距离为 0.21 乘杆件全长。

（3）如选用单、双支点起吊，超过物件强度和刚度的允许值或不能保证起吊安全时，应由技术人员计算确定其起吊支点数和吊点位置。

5. 物件起吊时，先将物件提升离地面 10-20 厘米，经检查确认无异常现象时，方可继续提升。

6. 放置物件时，应缓慢下降，确认物件放置平稳牢靠，方可松钩，以免物件倾斜翻倒伤人。

7. 起吊物件时，作业人员不得在已受力索具附近停留，特别不能停留在受力索具的内侧。

8. 起重作业时，应由技术熟练、懂得起重机械性能的人担任指挥信号，指挥时应站在能够照顾到全面工作的地点，所发信号应实现统一，并做到准确、洪亮和清楚。

9. 起重作业时，司机应听从信号员的指挥，禁止其他人员与司机谈话或随意指挥，如发现起吊不良时，必须通过信号指挥员处理，有紧急情况除外。

10. 起吊物件时，起重臂回转所涉及区域内和重物的下方，严禁站人，不准靠近被吊物件和将头部伸进起吊物下方观察情况，也禁止站在起吊物件上。

11. 起吊物件时，应保持垂直起吊，严禁用吊钩在倾斜的方向拖拉或斜吊物件，禁止吊拔埋在地下或地面上重量不明的物件。

12. 起吊物件旋转时，应将工作物提升到距离所能遇到的障碍物0.5米以上为宜。

13. 起吊物件应使用交互捻制交绕的钢丝绳，钢丝绳如有扭结、变形、断丝、锈蚀等异常现象，应及时降低使用标准或报废。卡环应使其长度方向受力，抽销卡环应预防销子滑脱，有缺陷的卡环严禁使用。

14. 当使用设有大小钩的起重机时，大小钩不得同时各自起吊物件。

15. 当用两台以上起重机同吊一物件时，事前应制定详细的技术措施，并交底，必须在施工负责人的统一指挥下进行，起重量分配应明确，不得超过单机允许重量的80%，起重时应密切配合，动作协调。

16. 起重机在架空高压线路附近进行作业，其臂杆、钢丝绳、起吊物等与架空线路的最小距离不应小于规定距离，如不能保持这个距离，则必须停电或设置好隔离设施后，方可工作。如在雨天工作时，距离还应当加大。

三、高处作业

1. 高处作业前，应系好安全带，穿好防滑软底鞋，扎紧袖口，衣着灵便；凡从事2米以上高处作业人员，须定期进行体检，凡不适合高处作业者，均不得从事高处作业。

2. 高处作业前，应检查作业点行走和站立处的脚手板、临空处的栏杆或安全网，上、下梯子，确认符合安全规定后，方可进行作业。

3. 作业过程中，如遇需搭设脚手板时，应搭设好后再作业。如工作需要临时拆除已搭好的脚手板或安全网，完工后应及时恢复。

4. 高处作业所用的料具，应用绳索捆扎牢靠，小型料具应装在工具袋内吊运，并摆放在牢靠处，以防坠落伤人，严禁抛掷。

5. 安放移动式的梯子，梯子与地面宜倾斜60-70度，梯子底部应设防滑装置。使用移动式的人字梯中间应设有防止张开的装置。

6. 搭设悬挂的梯子，其悬挂点和捆扎应牢固可靠，使用时应有人定期检查，发现异常及时处理。

7. 如必须站在移动梯子上操作时，应距梯子顶端不少于1米，禁止站在梯子最高一层上作业，站立位置距离基准面应在2米以下。

8. 禁止在万能杆件构架上攀登，严禁利用吊机、提升爬斗等吊送人员。

9. 严禁在尚未固定牢靠的脚手架和不稳定的结构上行走和作业以及在平联杆件和构架的平面杆件上行走，特殊情况下必须通过时，应以骑马式的方式向前通行。

10. 安全带应挂在作业人员上方的牢靠处，流动作业时随摘随挂。

11. 施工区域的风力达到六级（包括六级）以上时，应停止高空和起重作业。

12. 在易断裂的工作面作业时，应先搭好脚手板，站在脚手板上作业，严禁直接踩在作业面上操作。

四、工地搬运作业

1. 搬运物件时，走行姿势要正确，两腿要摆开，单人负重不得超过 80kg，多人抬运长、大物件时，步伐应协调，负重要均匀，每人负重不得超过 50kg。

2. 使用的抬杠和绳索，必须质量良好，无横节疤、裂纹、腐朽等。

3. 搬运氧气瓶等压力容器时，严禁用肩扛，应两人抬，并轻抬轻放，切勿放在靠近油脂或烟火的地点。

4. 采用胶轮平板车推运料具时，严禁溜放，推行姿势应正确，速度不宜过快，小车间隔距离：平道宜在 2 米以上，坡道应在 10 米以上，不得在二台车之间穿行。

5. 采用托板、滚杠拖拉机械设备时，所经过的道路应平整、坚实。托板和滚杠应安置妥当，拖拉时，作业人员应站离拖绳一定的距离，手脚不应放在滚杠的附近，以防被滚杠碾伤。

五、起重工具

1. 根据起重量和施工安全要求选用千斤顶，使用前应了解其性能和操作方法，经试顶确认良好，方可使用。

2. 千斤顶应安放在有足够承载能力而又稳定的地面或建筑物上。上、下接触面之间，应垫以木板或麻袋等防滑材料。

3. 千斤顶的放置，应对正被顶物件的中心位置，当同时使用二台以上的千斤顶进行操作时，不得超过允许承载能力的

80%，须使每台千斤顶受力的合力作用线与被顶工作物中心吻合，以防千斤顶负重后发生倾斜。

4. 千斤顶安置好后，应将物件稍微顶起，确认无异常时，方可继续起顶。

5. 千斤顶工作时，不得超过额定高度，随着物件的升高而逐步增加支承垫块，物件下降时，应边回落边抽出支承垫块，严禁一次性抽出多块。垫块每次加抽不宜超过2-3厘米，千斤顶每次起落完毕后，应立即旋紧保险箍。

6. 千斤顶起落时，必须缓慢进行，几台千斤顶同时起落时，必须保持同步均匀起落，不可快慢不均。

7. 当起顶又长又高的工作物件时，应在两端交替起落，即一端垫实和两侧支承牢靠后，在另一端起落。严禁两端同时起落，以防顶翻作业物而发生事故。

8. 千斤顶工作时，应由专人观察压力表的工作情况，如发现压力值突然增大时，要立即停止作业，待查明原因，处理好后，方可继续作业。

9. 卷扬机安装应牢固平稳，方向正确，并符合设计。如底部用螺栓或电焊连接时，螺栓应上足拧紧，电焊质量应良好，采用地垄等方式固定卷扬机时，地垄受的拉力要有符合规定的安全系数，并捆扎牢靠，方向顺直。使用时须严格执行《卷扬机安全操作规程》的规定。

10. 用电动卷扬机起重时，应指定司机和信号员（装吊工操作的卷扬机），并经安全技术和安全操作培训，方可上岗操作，但不得随意更换司机和信号员。

11. 卷扬机的钢丝绳"打梢"时，宜使用链条或钢丝绳，应按规定打好扣或上紧夹头，"打梢"人员必须站在钢丝绳余段的外侧,距卷筒一米以上为宜。

12. 卷扬机卷筒上的钢丝绳,应依次靠近,排列整齐,留在卷筒上的钢丝绳不得少于3圈,卷扬机卷绕钢丝绳时,不得用手引导,严禁人员在钢丝绳旁停留或跨越正在工作的钢丝绳。

13. 滑车、吊钩应根据起重量选用,无重量标志的滑车、吊钩应经计算或试验确定,并要符合规定的安全系数。

14. 滑车、吊钩使用前,应检查轮轴、钩环、撑架、轮槽、拉板、吊钩等有无裂纹或损伤,配件是否齐全,转动部分是否灵活,确认完好方可使用,吊钩如有永久裂纹或变形时,应当更换。

15. 滑车、吊钩固定的位置应牢固可靠,方向正确、吊具拴挂好后应封钩。

16. 在使用两轮以上的滑车时,滑轮间的钢丝绳必须保持平行,不得有扭转的情况,钢丝绳进出滑车的两面要作明显标记,便于观察滑轮的转动方向和转速的情况,以防各滑轮的转动方向不一致,造成绳子扭转,磨损钢丝绳和消耗拉力。

17. 起吊物件时,待物件提高10-20厘米时,暂停起吊,检查滑车,钢丝绳是否塞牙、跳槽等,确认无异常方可继续起吊。

18. 应根据物件的重量选用倒链滑车,使用前应检查轮轴、吊钩、链条、大小滑轮等是否良好,转动部分是否灵活,确认完好,方可使用。

19. 倒链滑车拴挂点应兼顾,并捆扎牢靠,吊钩应封钩,起吊物件时,应先缓慢收紧吊具,待物件稍离地面并经检查确认无异常,方可继续起吊。

20、用倒链滑车起吊物件时，操作人员应站在适当的位置，脚不得伸入被吊物件垂直下方，严禁将头伸入被吊物件的下方观察情况。

21. 不得用倒链滑车吊钩斜拉、斜吊物件，也不得起吊重量不明的物件。

22. 绑扎扒杆所用的木料，应根据起重量大小选用，事先要详细检查，如有大的木节、伤痕、木纹扭曲等不得使用。一般情况下圆木大小的直径以20-25厘米为宜。

23. 人字扒杆顶端交叉处根据起重量不同要求，用符合规格的钢丝绳捆绑牢靠；扒杆下部系以绊脚绳，并用木楔垫平扒杆脚，扒杆上应每隔30-40厘米固定木条或绊脚绳，便于作业人员上、下。

24. 扒杆使用前应按规定进行试吊，确认扒杆、地垄、缆风绳、卷扬机的等无异常，方可使用。

25. 人字扒杆顶端，应拴好缆风绳，缆风绳应成45°-60°角，如吊重量较大时，可在后缆风绳中间加一副滑车组，用以调整扒杆的前倾角度。

26. 钢丝绳、卡环的使用，按出厂的规格说明书，无规格说明书的钢丝绳，应做拉力强度试验确定合格，方可使用。

27. 根据起吊物件的重量选用钢丝绳和卡环，使用前宜经计算决定。钢丝绳的允许承载力可用下面的简单公式来确定：

钢丝绳的允许承载力＝直径（毫米）×直径（毫米）×4.5（公斤）

28. 钢丝绳的报废断丝标准和磨损，应符合规定要求，起吊重的结构或重大部件时，宜使用新钢丝绳。

29. 钢丝绳在编结成绳套时，编结部分的长度不得小于该绳直径的 1.5 倍且不得短于 30 厘米，用绳卡连接时，必须选择与钢丝绳直径相匹配的卡子，卡子数量和间隔距离，应根据不同钢丝绳直径按规定使用。

30、钢丝绳禁止与带电的金属（包括电线、电焊钳）触碰，以防烧断。

起重机司机安全操作规程

一、一般要求

1. 各种起重机应装设标明机械性能指示器、限位器、载荷控制器、链锁开关等，轨道式起重机应安置行走限位器及夹轨钳，使用前应检查试吊并办理签证手续。

2. 钢丝在卷筒上必须排列整齐，尾部卡牢，工作中最少保留三圈以上。

3. 两机或多机抬吊时，必须有统一指挥，动作配合协调，吊重应分配合理，不得超过单机允许起重量的 80%。

4. 操作中要听从指挥人员的信号，信号不明或可能引起事故时，应暂停操作。

5. 起吊时，起重臂下不得有人停留和行走，起重臂、物件必须与架空线保持安全距离。

6. 起吊物件应拉溜绳，速度要均匀，禁止突然制动和变换方向，平移应高出障碍物 0.5 米以上，下落应低速轻放，防止倾倒。

7. 物件起吊时，禁止在物件上站人或进行加工，必须加工时，应放下垫好并将吊臂、吊钩及回转的制动器刹住，司机及指挥人员不得离开岗位。

8. 起吊在满负荷或接近满负荷时，严禁降落臂杆或同时进行两个动作。

9. 起吊重物严禁自由下落，下落时动作应缓慢。

10. 严禁斜吊和吊拔埋在地下或凝结在地面、设备上的物件。

11. 起重机停止作业时，应将起吊物放下，刹住制动器，操纵杆放在空挡，切断电源，并关门上锁。

12. 所有操作司机必须遵守相应起重机的安全操作规程。

二、履带式起重机

1. 发动机启动前应分开离合器，并将各操纵杆放在空挡位置上，同机操作人员互相联系好后方可启动。

2. 吊物行走时，臂杆应放在履带正前方，离地面高度不得超过50厘米，回转、臂杆、吊钩的制动器必须刹住。接近满负荷时，严禁臂杆与履带垂直。起重机不得作远距离运输使用。

3. 行走拐弯时，不得过快过急。接近满负荷时，严禁转弯，下坡时严禁空挡滑行。

4. 用变换挡位起落臂杆操纵的起重机，严禁在起重臂未停稳时变换挡位，以防滑杆。

5. 拖运起重机，履带要对准跳板，爬坡不应大于15°，严禁在跳板上调位、转向及无故停车，臂杆要放到零位，各类制动器应刹住。

三、轮胎式、汽车式起重机

1. 禁止吊物行驶。工作完毕起臂，回转臂杆不得同时进行。

2. 汽车式起重机行驶时，应将臂杆放在支架上，吊钩挂在保险杠的挂钩上，并将钢丝绳拉紧。

3. 汽车式全液压起重机还必须遵守下列规定：

（1）作业前应将地面处理平坦放好支腿，调平机架，支腿未完全伸出时，禁止作业。

（2）有负荷时，严禁伸缩臂杆，接近满负荷时，应检查臂杆的挠度。回转不得急速和紧急制动，起落臂杆应缓慢。

（3）操作时，应锁住离合器操纵杆，防止离合器突然松开。

四、龙门吊机、桅杆吊机、电动葫芦

1. 龙门吊及桅杆吊机上平台应设 1 米高的防护栏杆或挡板，操作人员应从专用梯上、下。

2. 两机同时作业，相距间距应不少于 3 米。

3. 起重机台驶近限位端时，应减速停车。

4. 作业中若遇突然停电，各控制器应放于零位，切断电源开关，吊物下面禁止人员接近。

5. 工作完毕，应将吊钩升起，桅杆吊机吊钩要挂牢。水上及江边起重机还应根据天气情况，采取避风措施。

运输车辆司机安全操作规程

一、一般要求

1. 严格遵守交通规则和有关规定，证、照齐全，不准驾驶与证件不符的车辆，严禁酒后开车。

2. 发动前应将变速杆放到空挡位置，并拉紧手刹车。

3. 发动后应检查各种仪表、方向机构、制动器、灯光是否灵敏可靠，并确认周围无障碍物后，方可鸣号起步。

4. 涉水时，如水深超过排气管，不得强行通过，并严禁熄火。

5. 在坡道上被迫熄火停车，并拉紧手制动器，下坡挂倒挡，上坡挂前进挡，并将前后轮楔牢。

6. 通过泥泞路面时，应保持低速行驶，不得急刹车。

7. 车辆陷入坑内，如用车牵引，应有专人指挥，互相配合。

二、载重汽车

1. 气制动的汽车，严禁气压低于 0.25Mpa 时起步，若停在坡道上，气压低于 0.4Mpa 时，不得滑行发动。

2. 货车载人，应按车辆管理部门规定执行，任何人不得强令驾驶员违章带人。载人车辆的安全装置必须良好。

3. 装载构件和其他货物上路时，左右宽度不得超出车厢 20 厘米，高度不得超过地面 4 米，长度前后合计不得超过 2 米，超出部分不得触电，并应摆放平衡，捆扎牢固，如装运异形特殊物件，应备专用搁架。

4. 运输超宽、超高和超长的设备和构件，除严格遵守交通部门的有关规定外，还必须事先研究妥善的运输方法，制定具体的安全措施。

三、自卸汽车

1. 发动后，应测试倾卸液压系统。

2. 配合挖土机装料时，自卸汽车就位后，拉紧手刹车。如挖斗必须超过驾驶室顶时，驾驶室内不得有人。

3. 卸料时，应选好地形，并检视上空和周围有无电线，障碍物及行人。卸料后，车斗应及时复原，不得边走边落。

4. 向坑洼地卸料时，必须和坑边保持适当距离，以防边坡坍塌，确保安全。

5. 检修倾卸装置时，应撑牢车厢，以防车厢突然下落伤人

6. 自卸汽车的车厢内严禁载人。

四、牵引车

1. 牵引车与平板车的联结必须牢固。

2. 经常检查制动装置确保安全可靠。

3. 牵引车应缓慢运行，最高时速不超过5km/h，通过平交道口时，应有人维持交通秩序。

五、机动翻斗车

1. 向坑槽或砼集料斗内卸料时，应保持适当安全距离并设置挡墩，以防翻车。

2. 车上严禁带人，转弯时应减速，注意来往行人。

土石方机械司机安全操作规程

一、一般要求

1. 启动前应将离合器分离或将变速杆放在空挡位置，确认机械周围无人和无障碍物时，方可作业。

2. 行驶中人员不得上下机械和传递物件；禁止在陡坡上转弯、倒车和停车；下坡不准空挡滑行。

3. 停车以及在坡道上熄火时，必须将车刹住，刀片、铲头落地。

二、装载机

1. 操纵手柄应平顺。臂杆下降时，中途不得突然停顿。

2. 行驶时，须将铲头和斗柄的油缸活塞杆完全伸出，使铲

头、斗柄和动臂靠紧。

三、推土机

1. 用手摇启动时，必须五指并拢。用拉绳启动时，不得将绳缠在手上。

2. 推土机使用钢丝绳牵引重物起步时，附近不得有人。

3. 向边坡推土，刀片不得超出坡边，并在换好倒挡后才能提升刀片倒车。

4. 推土机上、下坡不得超过35°，横坡行驶不得超过10°。

土方施工安全操作规程

1. 挖掘土方，人工开挖操作间距保持2-3米，并由上而下逐层挖掘，禁止采用掏空底脚的操作方法。

2. 开挖沟槽、基坑等，应根据土方深度及土质情况放坡，必要时设置固定护壁支撑。

3. 在坑边堆放弃土、材料和移动施工机械，要距坑边1米以外，堆放高度不能超过1.5米。

4. 基坑开挖要注意预防基坑被水浸泡，引起塌方和滑坡事故发生，应采用集水坑，用水泵将水抽走。

5. 挖方时应随时注意四周情况，如有塌方现象应及时处理。

6. 使用蛙式打夯机，电源电缆必须完好无损。操作时，应戴绝缘手套，严禁夯打电源线。在坡地或松土处夯打，不得背着牵引。停止使用应拉闸断电，始准搬运。

7. 基坑四周应设置防护栏杆，人员上下有专用爬梯，不应踩踏土壁及其支撑上下。夜间施工应有充足的照明，并有红灯示警。

8. 机械开挖时，挖土机的工作范围内，不得进行其他工作，且应至少预留0.3米深停挖，最后由人工修挖至设计标高。

9. 吊运土方，绳索、滑轮、钩子、箩筐等应完好牢固，起吊时垂直下方不得站人。

10. 拆除护壁支撑应由下至上进行，填好一层、再拆一层，不得一次性拆到顶。

主要机械安全操作规程

挖掘机安全操作规程

1. 挖掘机司机，应遵守一般安全技术规程的规定。
2. 挖掘机在工作前，应做好下列准备工作：

（1）向施工人员了解施工条件和任务。内容包括：填挖土的高度和深度、边坡及电线高度、地下电缆、各种管道、坑道、墓穴和各种障碍物的情况和位置。挖掘机进入现场后，司机应遵守施工现场的有关安全规则。

（2）挖掘机在多石土壤或冻土地带工作时，应先进行爆破再进行挖掘。

（3）按照日常例行保养项目，对挖掘机进行检查、保养、调整、紧固。

（4）检查燃料、润滑油、冷却水是否充足，不足时应予添加。在添加燃油时严禁吸烟及接近明火，以免引起火灾。

（5）检查电线路绝缘和各开关触点是否良好。

（6）检查液压系统各管路及操作阀、工作油缸、油泵等，是否有泄漏，动作是否异常。

（7）检查钢丝绳及固定钢丝绳的卡子是否牢固可靠。

（8）将主离合器操纵杆放在"空挡"位置上，启动发动机（若是手摇启动要注意摇把反击伤人；若系手拉绳启动，不可将拉绳缠在手上）。检查各仪表、传动机构、工作装置、制动机构是否正常，确认无误后，方可开始工作。

（9）发动机启动后，严禁有人站在铲斗内、臂杆上、履带和机棚上。

3. 挖掘机在工作中，应注意下列安全事项：

（1）挖掘机工作时，应停放在坚实、平坦的地面上。轮胎式挖掘机应把支腿顶好。

（2）挖掘机工作时应当处于水平位置，并将走行机构刹住。若地面泥泞、松软和有沉陷危险时，应用枕木或木板、垫妥。

（3）铲斗挖掘时每次吃土不宜过深，提斗不要过猛，以免损坏机械或造成倾覆事故。铲斗下落时，注意不要冲击履带及车架。

（4）配合挖掘机作业，进行清底、平地、修坡的人员，须在挖掘机回转半径以内工作。若必须在挖掘机回转半径内工作时，挖掘机必须停回转，并将回转机构刹住后，方可进行工作。同时，机上机下人员要彼此照顾，密切配合，确保安全。

（5）挖掘机装载活动范围内，不得停留车辆和行人。若往汽车上卸料时，应等汽车停稳，驾驶员离开驾驶室后，方可回转铲斗，向车上卸料。挖掘机回转时，应尽量避免铲斗从驾驶室顶部越过。卸料时，铲斗应尽量放低，但又注意不得碰撞汽车车体。

（6）挖掘机回转时，应用回转离合器配合回转机构制动器平稳转动，禁止急剧回转和紧急制动。

（7）铲斗未离开地面前，不得做回转、走行等动作。铲斗满载悬空时，不得起落臂杆和行走。

（8）拉铲作业中，当拉满铲后，不得继续铲土，防止超载。拉铲挖沟、渠、基坑等项作业时，应根据深度、土质、坡度等情况与施工人员协商，确定机械与边坡的距离。

（9）反铲作业时，必须待臂杆停稳后再铲土，防止斗柄与臂杆沟槽两侧相互碰击。

（10）移动履带式挖掘机时，臂杆应放在走行的前进方向，铲斗距地面高度不超过1米。并将回转机构刹住。

（11）挖掘机上坡时，驱动轮应在后面，臂杆应在上面；挖掘机下坡时，驱动轮应在前面，臂杆应在后面。上下坡度不得超过20°。下坡时应慢速行驶，途中不许变速及空挡滑行。挖掘机在通过轨道、软土、黏土路面时，应铺垫板。

（12）在较高工作面上挖掘散粒土壤时，应将工作面内的较大石块和其他杂物清除，以免塌陷造成事故。若土壤挖成悬空状态而不能自然塌落时，则需用人工处理，不准用铲斗将其砸下或压下，以免造成事故。

（13）挖掘机不论是作业或走行时，都不得靠近架空输电线路。如必须在高低压架空线路附近工作或通过时，机械与架空线路的安全距离，必须符合附表一所规定的尺寸。雷雨天气，严禁在架空高压线近旁或下面工作。

线路电压等级	垂直安全距离（米）	水平安全距离（米）
1kV以下	1.5	1.5
1~20kV	1.5	2.0

续表

线路电压等级	垂直安全距离（米）	水平安全距离（米）
35–110kV	2.5	4.0
154kV	2.5	5.0
220kV	2.5	6.0

（14）在地下电缆附近作业时，必须查清电缆的走向，并用白粉显示在地面上，并应保持1米以外的距离进行挖掘。

（15）挖掘机走行转弯不应过急。如弯道过大，应分次转弯，每次在20°之内。

（16）轮胎挖掘机由于转向叶片泵流量与发动机转速成正比，当发动机转速较低时，转弯速度相应减慢，行驶中转弯时应特别注意。特别是下坡并急转弯时，应提前换挂低速挡，避免因使用紧急制动，造成发动机转速急剧降低，使转向速度跟不上造成事故。

（17）电动挖掘机在连接电源时，必须取出开关箱上的熔断器。严禁非电工人员安装电器设备。挖掘机走行时，应由穿耐压胶鞋或绝缘手套的工作人员移动电缆。并注意防止电缆擦损漏电。

（18）挖掘机在工作中，严禁进行维修、保养、紧固等工作。工作过程中若发生异响、异味、温度过高等情况，应立即停车检查。

（19）臂杆顶部滑轮的保养、检修、润滑、更换时，应将臂杆落至地面。

（20）夜间工作时，作业地区和驾驶室，应有良好的照明。

4. 挖掘机工作后，应将机械驶离工作地区，放在安全、平坦的地方。将机身转正，使内燃机朝向阳方向，铲斗落地，并将所有操纵杆放到"空挡"位置，将所有制动器刹死，关闭发动机（冬季应将冷却水放净）。按照保养规程的规定，做好例行保养。关闭门窗并上锁后，方可离开。

5. 挖掘机可做短距离自行转移时，一般履带式挖掘机自行距离不应大于 5 千米。轮胎式挖掘机可以不受限制。但均不得做长距离自行转移。

6. 挖掘机可做短距离自行转移时，应对走行机构进行一次全面润滑，行驶时，驱动轮应在后方，走行速度不宜过快。

7. 挖掘机装卸车时，应由经验丰富的装吊工指挥。装卸过程中，挖掘机在坡道上严禁回转或转向。装车时若发生危险情况，可将铲斗放下，协助制动，然后将挖掘机缓缓退下。

推土机安全操作规程

1. 推土机的操作应遵守一般安全技术要求的有关规定。
2. 绞盘式推土机钢丝绳的安全技术要求，应符合起重机械的一般安全技术要求。
3. 推土机使用前的准备工作，应参照挖掘机使用前的准备工作进行。
4. 推土机工作中，应注意以下安全事项：
（1）发动机启动后，严禁有人站在履带上或推土刀支架上。
（2）推土机工作前，工作区内如有大块石块或其他障碍物，应予以清除。
（3）推土机工作应平稳，吃土不可太深，推土刀起落不要太猛。推土刀距地面距离一般以 0.4 米为宜，不要提得太高。
（4）推土机通过桥梁、堤坝、涵洞时，应事先了解其承载能力，并以低速平稳通过。

（5）推土机在坡道上行驶时，其上坡坡度不得超过25°，下坡坡度不得大于35°，横向坡度不得大于10°。在陡坡上（25°以上）严禁横向行驶，纵向在陡坡上行驶，不得做急转弯动作。上下坡应用低速挡行驶，并不许换挡。下坡时严禁脱挡滑行。

（6）在上坡途中，若发动机突然熄火时，应立即将推土刀放到地面，踏下并锁住制动踏板，待推土机停稳后，再将主离合器脱开，把变速杆放到空挡位置，用三角木块将履带或轮胎楔死，然后重新启动发动机。

（7）推土机在25°以上坡度上进行推土时，应先进行填挖，待推土机能保持本身平衡后，方可开始工作。

（8）填沟或驶近边坡时，禁止推土刀越出边坡的边缘，并换好倒车挡后，方可提升推土刀，进行倒车。

（9）在深沟、陡坡地区作业时，应有专人指挥。

（10）推土机在基坑或深沟内作业时，应有专人指挥。基坑与深沟一般不得超过2米。若超过上述深度时，应放出安全边坡。同时，禁止用推土刀侧面推土。

（11）推土机推树时，应注意高空杂物和树干的倒向。

（12）推土机推围墙或屋顶时，用大型推土机时墙高不得超过2.5米；用中、小型推土机时墙高不得超过1.5米。

（13）在电线杆附近推土时，应保持一定的土堆。土堆大小可根据电杆结构、掩埋深度和土质情况，由施工人员确定。土堆半径一般不应小于3米。

（14）施工现场若有爆破工程，爆破前，推土机应开到安全地带。爆破后，司机应亲自到现场察看，认为符合安全操作条件后，方可将机械开入施工现场。若认为有危险时，司机有权拒绝进入危险地段，并及时请示上级。

（15）数台推土机共同在一个工地作业时，其前后距离不得小于8米，左右距离不得小于1.5米。

（16）推土机在有负荷情况下，禁止急转弯。履带式推土机在高速行驶时，亦应禁止急转弯，以免履带脱落或损坏走行机构。

（17）工作时间内，司机不得随意离开工作岗位。

（18）推土机在工作时，严禁进行维修、保养，并禁止人员上下。

（19）夜间施工，工作场所应有良好的照明。

（20）在雨天泥泞土地上，推土机不得进行推土作业。

5. 推土机工作完毕后，应将外部灰尘、泥土、污物冲洗擦拭干净，按例行保养对机械进行检查、保养、调整、润滑、紧固。将机械开到平坦安全地方，推土刀落地，关闭发动机（冬季并应放净冷却水），锁闭门窗后，方可离开。

6. 推土机越过浅滩时，应预先检查水深和河床情况，并检查后桥底部螺丝是否紧固，以防泥水进入。

7. 推土机不准做长距离走行。其走行距离，一般不应超过1.5千米。

8. 推土机不得当吊车，绞盘和地垄使用。

9. 推土机不得用于搅拌白灰、推白灰、烟灰及碾压石方等工作。

装载机安全操作规程

1. 装载机司机的一般安全技术要求，参照一般土石方机械的一般技术要求的有关规定执行。

2. 装载机工作前，应做的准备工作，参照挖掘机的有关规定执行。

3. 装载机在工作中应注意以下安全事项：

（1）刹车、喇叭、方向机应齐全、灵敏，在行驶中要遵守："交通规则"。若需经常在公路上行驶，司机须持有"机动车驾驶证"。

（2）装载机在配合自卸汽车工作时，装载时自卸汽车不得在铲斗下通过。

（3）装载机在满斗行驶时，铲斗不应提升过高，一般距地面0.5米左右为宜。

（4）装载机行驶时应避免不适当的高速和急转弯。

（5）当装载机遇到阻力增大，轮胎（或履带）打滑和发动机转速降低等现象时，应停止铲装，切不可强行操作。

（6）在下坡时，严禁装载机脱挡滑行。

（7）装载机在作业时斗臂下禁止有人站立或通过。

（8）装载机动臂升起后在进行润滑和调整时，必须装好安全销或采取其他措施，防止动臂下落伤人。

（9）装载机在工作中，应注意随时清除夹在轮胎（或履带）间的石渣。

（10）夜间工作时装载机及工作场所应有良好的照明。

4. 装载机工作完毕后应注意下列安全事项：

（1）将装载机驶离工作现场，将机械停放在平坦的安全地带。

（2）松下铲斗，并用方木垫上。清除斗内泥土及砂石。

（3）按日常例行保养项目对机械进行保养和维护。

压路机安全操作规程

一、振动压路机

1. 发动机部分按发动机的安全技术规程执行。

2. 光碾压路机工作前,应对各部分进行认真检查,消除不正常现象,特别要检查制动机构和安全操作机构是否灵敏可靠。

3. 压路机在运行中发生故障,应及时停机熄火进行检修。在坡道上停机时,应用楔块对正楔紧滚轮。

4. 压路机高速行驶时不得急转弯。在坡道上行驶,应事先改换低速挡,禁止在坡道上踩下离合器,如必须在坡道上变速,应使压路机制动后进行。上下坡时禁止滑行。

5. 夜间工作,除场地装置照明设备外应开灯进行。

6. 两台以上压路机同时运行时,应保持3米以上距离。

7. 压路机碾压时应按规定厚度进行,不得超厚,以免机械过载而发生意外事故。

8. 压路机碾压时,应距路基边缘保持安全距离。修筑山路时必须按由里及外顺序施工。

9. 碾压沥青路面时,应使用压路机的自动洒水装置,禁止人工倒退拖刷润湿压路滚,以免发生人身伤亡事故。

10. 压路机增加配重时,不得加湿砂,冬季不得加水,以免损坏机件或压路滚。

11. 禁止用牵引法强行发动内燃机,不准用压路机拖拉机械和物件。

12. 压路机应停放在平坦的地方,并用制动器制动,不准停放在土路边缘及斜坡上。

13. 注意查看施工环境，调查地上地下的建筑物，防止振动压路机的振动产生边坡倒塌、建筑物毁坏等事故发生。

14. 不得在坚硬的路面上开动振动压路机的振动装置，以免损坏机械。

15. 经常检查避振装置，发现损坏应及时更换，以免影响操作人员的健康。

二、光碾压路机

1. 发动机部分按发动机的安全技术规程执行。

2. 光碾压路机工作前，应对各部分进行认真检查，消除不正常现象，特别要检查制动机构和安全操作机构是否灵敏可靠。

3. 压路机在运行中发生故障，应及时停机熄火进行检修。在坡道上停机时，应用楔块对正楔紧滚轮。

4. 压路机高速行驶时不得急转弯。在坡道上行驶，应事先改换低速挡，禁止在坡道上踩下离合器，如必须在坡道上变速，应使压路机制动后进行。上下坡时禁止滑行。

5. 夜间工作，除场地装置照明设备外，应开灯进行。

6. 两台以上压路机同时运行时，应保持3米以上距离。

7. 压路机碾压时应按规定厚度进行，不得超厚，以免机械过载而发生意外事故。

8. 压路机碾压时，应距路基边缘保持安全距离。修筑山路时必须由里侧碾向外侧。

9. 碾压沥青路面时，应使用压路机的自动洒水装置，禁止人工倒退拖刷润湿压路滚，以免发生人身伤亡事故。

10. 压路机增加配重时，不得加湿砂，冬季不得加水，以免损坏机件或压路滚。

11. 禁止用牵引法强行发动内燃机，不准用压路机拖拉机械和物件。

12. 压路机应停放在平坦的地方，并用制动器制动，不准停放在土路边缘及斜坡上。

三、轮胎压路机

1. 发动机部分按发动机的安全技术规程执行。

2. 压路机工作前，应对各部分进行认真检查，消除不正常现象，特别要检查制动机构和安全操作机构是否灵敏可靠。

3. 压路机在运行中发生故障，应及时停机熄火进行检修。在坡道上停机时，应楔块对正楔紧滚轮。

4. 压路机高速行驶时不得急转弯。在坡道上行驶，应事先改换低速挡，禁止在坡道上踩下离合器，如必须在坡道上变速，应使压路机制动后进行。上下坡时禁止滑行。

5. 夜间工作，除场地装置照明设备外，应开车灯进行。

6. 两台以上压路机运行时，应保持 1 米以上距离。

7. 压路机碾压时应按规定厚度进行，不得超厚，以免机械过载而发生意外事故。

8. 压路机碾压时，应距路基边缘保持安全距离。修筑山路时必须由里侧碾向外侧。

9. 碾压沥青路面时，应使用压路机的自动洒水装置，禁止人工倒退拖刷润湿压路滚，以免发生人身伤亡事故。

10. 压路机增加配重时，不得加湿砂，冬季不得加水，以免损坏机件或压路滚。

11. 禁止用牵引法强行发动内燃机，不准用压路机拖拉机械和物件。压路机应停放在平坦的地方，并用制动器制动，不准停放在土路边缘及斜坡上。

12. 注意检查制动器、方向机和其他操作机构是否灵活可靠，各部轮胎是否紧固，轮胎气压是否调定到所须压力。

13. 碾压时不得碾压到路边缘，不得碾压有尖棱的碎石，以免轮胎损坏。

14. 经常检查配重块架子有无因锈蚀而破损，装拆配重块时，应采取一定的安全措施，防止操作不当，配重块掉下砸伤人员。

15. 应执行国务院颁发的《中华人民共和国道路交通管理条例》的有关规定。驾驶员应有驾驶执照方可上机操作。

千斤顶安全操作规程

1. 千斤顶不允许在超过规定负荷和行程的情况下使用。

2. 千斤顶在使用时必须保证活塞外露部分的清洁，如果沾上灰尘杂物，应及时用油脂擦洗干净。使用完毕后，各油缸应回程到底，保持进出口的清净，加覆盖保护，妥善保管。

3. 千斤顶张拉升压时，应观察有无漏油和千斤顶位置是否偏斜，必要时应回油调整。进油升压必须徐缓、均匀、平稳，回油降压时应缓慢松开油阀，并使各油缸回程到底。

4. 双作用千斤顶在张拉过程中，应使顶压油缸全部回油。在顶压过程中，张拉油应预持负荷，以保证恒定的张拉力，待顶压锚固完成时，张拉缸再回油。

起重作业安全注意事项

1. 对新安装的、经过大修或改变重要性能的起重机械，在使用前必须按照起重机性能试验的有关规定进行吊重试验。

2. 起重机每班作业前应先作无负荷的升降、旋转、变幅，前后左右的运行以及制动器、限位装置的安全性能试验，如设备有故障，应排除后才能正式作业。

3. 起重机司机与信号员应按有关规定的手势或信号进行联络。作业中，司机应与信号员密切配合，服从信号员的指挥。但在起重作业发生危险时，无论是谁发出的紧急停车信号，司机都应立即停车。

4. 司机在得到信号员发出的起吊信号后，必须先鸣信号后起重。起吊时重物应先离地面试吊，当确认重物挂牢、制动性能良好和起重机稳定后继续起吊。

5. 起吊重物时，吊钩钢丝绳应保持垂直，禁止吊钩钢丝绳在倾斜状态下去拖动被吊的重物。在吊钩已挂上但被吊重物尚未提起时，禁止起重机移动位置或做旋转运动。禁止吊拔埋在地下或凝结在地下以及重量不明的物品。

6. 重物起吊、旋转时，速度要均匀平稳，以免重物在空中摆动发生危险。在放置重物时，保持相应速度，以防重物突然下落而损坏。吊长、大型重物时应有专人拉溜绳。防止因重物摆动造成事故。

7. 起重机严禁超过本机额定起重量工作。如果用两台起重机同时起吊一件重物时，必须有专人统一指挥，两机的升降速度应保持相等，其重物的重量不得超过两机额定起重量总和的75%；绑扎吊索时要注意重量的分配、每机分担的重量不能超过额定起重量的80%。

8. 起重机吊运重物时，现场禁止人员活动、站立，避免吊着重物在空中长时间停留，在特殊情况下，如需要暂时停留，应发出信号，禁止一切人员在重物下面站立或通过。

9. 起重机在工作时，所有人员尽量避免站在起重臂回转索及区域内。起重臂下严禁站人。装吊人员在挂钩后应及时站到安全地区。禁止在吊运重物上站人或对调挂重物进行加工。必须加工时应将重物放下垫好，并将起重臂、吊钩及回转机构的制动器刹住。若加工时间较长，应将重物放稳，起重机摘钩。作业过程中司机和信号员不得随意离开工作岗位。在停工或休息时，严禁将重物悬挂在空中。

10. 当起重机运行时，禁止人员上下，从事检修工作或用手触摸钢丝绳和滑轮等部位。

11. 吊运金属溶液和易燃、易爆、有毒、有害等危险品时，应制定专门的安全措施，司机要连续发出信号，通知无关人员离开现场。

12. 使用电磁铁的起重机，应当划定一定的工作区域，在此区域内禁止有人员活动，在往车辆上装卸铁块时，重物严禁从驾驶室上面经过，汽车司机必须离开驾驶室，以防止吸铁失灵铁块落下伤人。

13. 起重机在吊重作业中禁止起落起重臂，在特殊情况下，应严格按说明书的有关规定执行。严禁在起重臂起落稳妥前变换操纵杆。

14. 起重机在吊装高空的重物时，吊钩与滑轮之间应保持一定的距离，防止卷扬过限将钢丝绳拉断或起重臂后翻。在起重臂达到最大仰角和吊钩在最低位置时，卷筒上的钢丝绳应至少保留3圈以上。

15. 起重机的工作地点，应有足够的工作场所和夜间照明设备。起重机与附近的设备、建筑物应保持一定的安全距离,避免运行时发生碰撞。

16. 起重机作业时,有下列情况之一时,不能起吊:

(1) 信号不清时;

(2) 重量不明时;

(3) 所吊重物离开吊点有一段距离需斜拉时;

(4) 所吊重物超过起重机的起重能力时;

(5) 重物捆绑不牢及起吊后不稳时;

(6) 露天作业遇有六级以上大风及大雾等恶劣天气时;

(7) 夜间作业没有足够的照明时;

(8) 钢丝绳严重磨损,出现断股时。

17. 起重机不得在架空输电线路下面作业,在通过架空输电线路时,应将起重臂落下,以免碰撞。在架空输电线路一侧作业时,要特别注意起重臂、钢丝绳或重物等与架空输电线路的距离。

18. 起重机的电器、内燃发动机或锅炉部分的安全技术要求,应严格遵照动力机械的有关规定执行。

起重机安全操作规程

一、塔式起重机

1. 轨道路基必须经过平整压实,基础经处理后,土壤的承载能力要达到 8-10 吨/㎡。对妨碍起重机工作的障碍物,如高压线,照明线等应拆移。

2. 钢轨中心距允许偏差不得超过±3 毫米;纵横向的水平度,不得超过 1/1000;钢轨接头间隙 4-6 毫米。

3. 司机在进入操作室前，应将轨钳提起，用扦销固定，清除轨道上障碍物。

4. 检查电源电压，不得超过或低于额定电压的5%。

5. 作业前空车运转并检查下列各项：

（1）各控制器的转动装置是否正常；

（2）制动器闸瓦松紧程度，制动是否正常；

（3）传动部分润滑油量是否充足，声音是否正常；

（4）走行部分及塔身各主要联结部位是否牢靠；

（5）负荷限制器的额定最大起重量的位置是否变动；

（6）钢丝绳的磨损情况。

6. 用手摇绞车调整变幅的，须根据重量需要，事先调整起重臂幅度，禁止吊重时调整。

7. 多机作业，应注意保持各机操作距离。各机吊钩上所悬挂重物的距离不得小于3米。

8. 起吊作业时，控制器严禁越挡操纵。不论哪一部分传动装置在运动中变换方向时，必须将控制器扳回零位，待转动停止后开始逆向运转。绝对禁止直接变换运转方向。

9. 起重、旋转和行走，可以同时操纵两种动作，不得三种动作同时进行。

10. 当起重机行走到接近轨道限位开关时应提前减速停车。并在轨道两端二米处设置挡车装置，以防止起重机出轨。

11. 吊钩应装限位开关。对没有限位开关的吊钩，其上升高度距离起重臂头部必须大于一米。

12. 吊起的重物严禁自由落下。落下重物时应用断续制动，使重物缓慢下降，以免发生意外事故。

13. 冬季作业时，需将驾驶室窗子打开，注意指挥信号。

驾驶室内取暖，应有防火、防触电措施。

14. 若保护装置动作造成断电时，必须先把控制器转至零位，再按闭合按钮开关，接通总电源，并要分析断电原因，查明情况处理完后方可进行操作。

15. 作业完毕后，起重机应停放在轨道中部，吊钩上升到距起重臂头部2-3米处，起重臂应转至平行于轨道的方向，卡紧轨钳，各控制器转至零位，切断电源。

16. 在大风情况下（达10级以上），除夹轨钳夹住轨道外，还须将起重臂放下（幅度大于15米）转至顺风向，吊钩升至顶部，并必须拉好避风缆绳。

17. 塔式起重机还必须遵守一般安全技术规程。

18. 自升式塔式起重机应遵守下列规定：

（1）附着式或固定式塔式起重机基础及其附着的建筑物抗拉的混凝土强度和配筋必须满足设计要求。

（2）吊运构件时，平衡重按规定的重量移至规定的位置后才能起吊。

（3）专用电梯禁止超员乘人，当臂杆回转或起重作业时严禁升动电梯，用完后必须降到地面最近位置，不准长时间停在空中。

（4）顶升前必须放松电缆其长度略大于总的顶升高度，并做好电缆卷筒的紧固工作。

（5）在顶升过程中，必须有专人指挥，看管电源、操纵液压系统和紧固螺栓，非工作人员禁止登上顶升架平台，更不准擅自按动开关或其他电器设备，禁止在夜间进行顶升工作。四级风以上的不准进行顶升工作。

（6）顶升过程中，应把回转部分刹住，严禁回转塔帽，顶升时，发现故障，必须立即停车检查，排除故障后，方可继续顶升。

(7) 顶升后必须检查各连接螺栓，是否已紧固，爬升套架滚轮与塔身标准节是否吻合良好，左右操纵杆是否回到中间位置，液压顶升机构电源是否切断。

二、履带起重机

1. 每班工作前，司机必须按规定进行各项检查与保养后，方可启动发电机。发动机启动前，应将所有操纵杆放在"空挡"位置。发动后应注意各部仪表指示是否正常。是否有异响。确认正常后方可开始工作。

2. 开始工作前，应先试运转一次。运转时先接上主离合器再按顺序扳动各机构的操纵杆，检查各机构的工作是否正常，制动器是否灵敏可靠，必要时应加以调整或检修。

3. 作业前应注意在起重机回转范围内有无障碍物。

4. 起重臂最大仰角不得超过原厂规定，无资料可查时，最大仰角不得超过78°。

5. 重物起吊时，司机的脚应放在制动器踏板上，并严密注意起吊物的升降，勿使起重吊钩到达顶点。

6. 起吊最大或接近额定重量时，起重机必须置于坚硬而水平的地面上，如地面松软和不平时应采取措施。起吊时的一切动作应以缓慢的速度进行，禁止同时进行两种动作。

7. 吊物行走时，地面应坚实平坦，起重臂应在履带正前方，重物离地高度不得超过0.5米，回转机构、吊钩的制动器必须刹住。起重机禁止作运输机械使用。

8. 空车行走转向时不得过快过急。下坡时严禁空挡滑行。

9. 在深坑边工作时，机身与坑边应根据土质情况保持必要的安全距离，以防塌方。

10. 起重机行走时。避免在松软或不能承受重压的管、沟、地面上行驶，以防翻倒或压坏管、沟。如果必须通过，应在地面上采取防护措施。

11. 起重机禁止在斜坡上横向运行，禁止向坡的下方转动起重臂，如果必须运行或转动时，应将机身垫平。

12. 工作完毕后，应关闭发动机，操纵杆放到空挡位置，将各制动器刹死。冬季应将冷却水放尽。并将驾驶室门窗锁住。

13. 履带起重机必须遵守起重机械的一般安全技术规程。

三、轮胎式起重机

1. 起重机的准备工作和起重作业除应严格执行履带起重机的有关规定外，根据汽车、轮胎起重机的特点，还需注意以下几项内容：

（1）轮胎气压应充足。

（2）在松软地面工作时，应在作业前将地面填平、夯实。机身必须固定平稳。

（3）汽车起重机不准吊重行驶或不打支腿吊重。

（4）轮胎起重机不打支腿工作时，轮胎的气压应在0.7MPa左右。起重量应在规定不打支腿的额定重量范围内。

（5）轮胎起重机作业时，而且必须作短距离行走时，应遵照使用说明书的规定执行。重物离地高度不能超过0.5米，重物必须在行走的正前方，行驶要缓慢，地面应坚实平整。严禁吊重后作长距离走行。

（6）当起重机的起重臂接近最大仰角吊重时，在卸重前应先将重物放在地上，并保持绳索拉紧状态，将起重臂放底，然后脱钩,以防止起重机卸载后向后倾翻。

2. 行使过程中,汽车起重机的起重臂不得硬性靠在拖架上,拖架上必须放置约 50 毫米的橡胶快,吊钩挂在汽车前端保险杠上不得过紧。轮胎起重机应将吊钩升到接近极限位置,并固定在起重臂上。

3. 全液压汽车起重机还必须遵守下列规定:

(1) 发动机启动后将油泵与动力输出轴结合,在待速下进行预热,液压油温达 30℃才能进行起重作业。

(2) 在支腿伸出放平后,即关闭支腿开关,如地面松软不平,应修整地面,垫放枕木。检查安全可靠后在进行起重作业。

(3) 吊重物时,不得突然升降起重臂。严禁伸缩起重臂。

(4) 当起重臂全伸,而使用副臂时,仰角不得小于 50℃。

(5) 作业时,不得超过额定起重量的工作半径,亦不得斜拉起吊。并禁止在前面起吊。

(6) 一般只允许空钩和吊重在额定起重量 30%以内使用自由下落踏板。操作时应缓慢,禁止突然踏下或放松。除自由下落外,禁止脚放在自由下落踏板上。

(7) 蓄能器应保持规定压力,低于或大于规定压力范围不仅会使系统恶化,而且会引起严重事故。

(8) 在现场不得吊着重物行走。

(9) 除上述规定外还应严格按说明书有关规定执行。

4. 汽车式和轮胎式起重机必须遵守起重机械的一般安全技术规定。

四、桥式、龙门式起重机

1. 开车前应认真检查机械设备、电气部分和防护保险装置是否完好、可靠。如果控制器、制动器、限位器、电铃,紧急开关等主要附件失灵,严禁作业。

2. 必须听从信号员指挥,但对任何人发出的紧急停车信号,都应立即停车。

3. 司机必须在确认指挥信号后方能进行操作,开车前应先鸣铃。

4. 当接近卷扬限位器,大小车临近终端或与邻近行车相遇时,速度要缓慢。不准用倒车代替制动,限位器代替停车开关,紧急开关代替普通开关。

5. 应在规定的安全走道、专用站台或扶梯上行走和上下。大车轨道两侧除检修外不准行走。小车轨道上严禁行走。不准从一台起重机跨到另一台起重机。

6. 工作停歇时,不得将起重物悬在空中停留。运行中,地面有人或落放吊件时应鸣铃警告。严禁吊物在人头上越过。吊运物件离地不得过高。

7. 两台桥吊同时起吊一物件时,要听从指挥,步调一致。

8. 运行时,桥吊与桥吊之间要保持一定的距离。

9. 检修桥吊应靠在安全地点,切断电源,挂上"禁止和闸"的警示牌。地面要设围栏,并放置"禁止通行"的标志。

10. 重吨位物件起吊时,应先离地试吊,确认吊挂平稳,制动良好,然后升高,缓慢运行。不准同时操作三只控制手柄。

11. 桥吊运行时,严禁有人上下。也不准在运行时进行检修和调整。

12. 运行中发生突然停电,必须将开关手柄放置"0"位。起吊件未放下或锁具未脱钩,不准离开驾驶室。

13. 运行时由于突然故障而引起吊件下滑时，必须采取紧急措施，向无人处降落。

14. 露天桥吊遇有风暴、雷击或六级以上大风时应停止工作，切断电源，车轮前后应赛垫块卡牢。

15. 夜间作业应有充足的照明。

16. 龙门吊机除执行上述条款外，行驶时还应注意轨道上有无障碍物；吊运高大物件妨碍视线时两旁应设专人监视和指挥。

17. 司机必须认真做到"十不吊"：

（1）超过额定负荷不吊；

（2）指挥信号不明，重量不明，光线暗淡不吊；

（3）吊绳和附件捆绑不牢，不符合安全规则不吊；

（4）桥吊吊挂重物直接进行加工的不吊；

（5）歪拉斜挂不吊；

（6）工件上站人或工件上浮放着有活动物不吊；

（7）氧气瓶、乙炔发生器等具有爆炸性物品不吊；

（8）带棱角缺口未垫好不吊；

（9）埋在地下的物件不吊；

（10）液态或流体盛装过满不吊。

18. 工作完毕，桥吊应停在规定位置，升起吊钩，小车开到轨道两端，并将控制手柄放置"0"位，切断电源。

五、拼装式（桅杆、龙门吊）起重机

1. 拼装式起重机司机与信号员应有统一的信号。操作人员应从专用梯上、下操作室，合闸前应先把控制器转到零位。操作室内应垫木板或胶皮绝缘板。

2. 拼装式起重机工作前，应做好下列准备工作：

（1）检查钢结构部件连接是否牢固。

（2）检查卷扬机各转动部分润滑是否良好，刹车装置是否灵敏可靠。

（3）检查电器设备接线是否正确，绝缘是否良好。

（4）检查并试验各限位开关是否灵敏，照明设备是否齐全良好。

（5）检查脚手板、栏杆、扶梯是否合乎安全要求。轨钳（或锚固螺丝）是否紧固。

（6）三角架两后支腿销子及卡板是否移动。

（7）机房及操作室内消防器材是否齐全有效。

3. 司机操作室必须设在视野良好的位置。

4. 起重机吊重、变幅、回转所用的卷扬机，必须满足"卷扬机"安全技术要求，走行用电机必须符合"电动机"的有关安全技术规定，起重机所用的钢丝绳必须满足有关安全技术要求。

5. 开车前检查轨道、地面和运行范围内应无人或障碍物，并鸣铃示意。大车走行须有专人拉电缆，小车来回悬挂电缆必须保证电缆绝缘良好，滑动自如。起吊时，应先进行空运转，然后试吊，离地100-150毫米，发现重物捆缚不正确时，应重新进行捆缚。

浮运式起重船安全操作规程

1. 浮运式起重机必须按拼装式吊机的有关规程执行。其船舶拖运按交通航行部门的有关条例、规章执行。拼装吊机前，必须进行船体稳定和基础加固，不能使船体因局部受力而破坏。固定停泊后，应将系缆和电缆固定好，电缆须保持一定松弛度，以防水位变化而将电缆绷断。

2. 拖航或定位时，作业人员（含水手），应在专人统一指挥下，紧密配合，密切与拖轮的联系，进行抛锚、紧缆、靠泊等作业，拖航时应挂妥吊钩。

3. 起吊作业前应检查各传动机构是否正常，主要部位螺栓有无松动，制动器是否良好；检查锚泊、缆绳是否系紧，甲板上有无物件妨碍吊机回转；检查电器设备是否完好和电缆的绝缘情况。

4. 起吊时司机与指挥人员须按规定手势和信号进行作业，在吊船的有效半径和有效高度内，不得有妨碍物，并经常检查锚泊固定缆绳的紧固情况，防止起吊时船舶走位。作业中要注意风浪而引起吊船的颠簸。在航道区附近作业时，要显示旗号，要求来往船只减速或改道。落钩后，卷筒上最少应保留三圈钢丝绳。在进行繁重作业时，应定点定位起吊，不能经常起落吊臂。起重量已达额定重量时，禁止起落臂杆。进行拔吊作业时，要切实掌握吨位，注意因突然起升而引起船舶急剧倾斜或颠簸。吊着桩锤进行打桩作业时，要防止桩体突然下沉而造成折臂事故。吊船移位时，不准将重物悬吊空中。

5. 作业后应摆正机身，臂杆落到50°左右，挂妥吊钩。进行例行保养，补足润滑油。并将每个控制开关放到"零位"，切断电源。经常注意水位及水深变化，予以观察，以防搁浅。

架桥机安全操作规程

1. 架桥机纵向运行轨道两侧规定高度要求对应水平，保持平稳。前、中、后支腿各横向运行轨道要求水平，并严格控制间距，三条轨道必须平行。

2. 斜交桥梁混凝土梁安装时，架桥机前、中、后支腿行走轮位置，左右轮要前后错开，其间距可根据斜交角度计算，以便支腿轮可在同一横向轨道上运行（具体事宜与制造单位协商）。

3. 架桥机纵向移动要做好准备工作，要求一次到位，禁止中途停顿。

4. 架桥机天车携带混凝土梁纵向运行时，前支腿部位要求用手拉葫芦（5t）与横移轨道拉紧固定，加强稳定性。

5. 安装桥梁有上下纵坡时，架桥机纵向移位要有防止滑行措施。例如：采用三角铁块在轮子前后作防护，特别中腿距梁端很近，移位时要注意控制。

6. 架桥机拼装后一定要进行吊重试吊运行，也可用混凝土梁试吊后，架桥机再运行到位开始安装作业。

7. 架桥机安装作业时，要经常注意安全检查，每安装一孔必须进行一次全面安全检查，发现问题要停止工作并及时处理后才能继续作业。不允许机械电气带故障工作。

8. 安装作业不准超负荷运行，不得斜吊提升作业。

9. 连接销子加工材质必须按设计图纸要求进行，不得用低钢号加工代替。

10. 五级风以上严禁作业，必须用索具稳固架桥机和起吊天车，架桥机停止工作时要切断电源，以防发生意外。

11. 架桥机纵向就位必须严格控制位置尺寸，确保混凝土预制梁安装顺利就位。

12. 由于架桥机属桥梁安装大型专用设备，架桥机作业必须明确分工，统一指挥，要设专职操作人员、专职电工和专职安全检查员。要有严格的施工组织及措施，确保施工安全。人员基本条件如下：

指挥员1名：熟悉桥梁结构及起重工作的基本要求。首先熟悉架桥机的结构、拼装程序、操作方法和使用说明书中的要求，并具有一定的组织能力，熟悉指挥信号，责任心强；

电工1名：能看懂架桥机电路图并能按图接线，能在工作中迅速排除故障，责任心强，业务熟练，反应敏捷者担任和负责架桥机的操作；

液压工1名：熟悉液压系统的基本知识和使用及维修技能，能正确操作和排除有关故障；

起重工3名：具有多年从事起重工作的经历，责任心强，具备一定的力学知识，熟悉起重机操作规程和安全规程，工作认真负责，一丝不苟；

辅助工3名：具有一定的文化知识，身强力壮，能吃苦耐劳，肯钻研业务的青年，并作为培养的对象使用。

13. 悬臂纵移时，上部两天车必须后退，前天车退至后支腿处；后天车退至后支腿和后顶高支腿中间。

14. 中顶高支腿顶高时，前天车必须退至前支腿处；后天车必须退至后支腿处。

15. 前支腿或后顶高支腿顶高时，两天车必须退至中腿附近。

16. 前支腿顶高就位后，必须采用专用夹具将顶高行程段锁紧，以免千斤顶长时间受力。

17. 液压系统

（1）属于同一液压缸上的两个球型截止阀，必须同时关闭或同时打开，切不可只打开期中一个而关闭另一个，否则将会造成事故甚至使软管爆裂或液压缸损坏；

（2）根据前、中、后三个支腿和吊梁千斤顶的不同工况来确定溢流阀的整定值，但最大不得超过31MPa。整定后即用螺帽锁紧，并不可任意改动整定压力，过小则工作中经常溢流，造成油温升高甚至不能工作；整定压力过大则不能起保险作用，使元件损坏。具体整定数值由现场技术人员确定；

（3）当油温超过70℃时应停机冷却，当油温低于0℃应考虑更换低温液压油；

（4）各部元件、管路如发生故障时，应立即停机，由经过训练的专职技术人员检查修理，操作人员不可擅自拆卸；

18. 架桥机必须设置避雷装置，由使用单位自行解决。

19. 架桥机大车行走方梁的承载能力应满足有关要求，两自由端必须设置挡铁。大车行走作业时配备专用工具（楔铁）和警示牌，若由于机械、电气或误操作引起大车行走失控时，将楔铁塞入行走轮于轨道之间，使架桥机不能继续滑移。

20、在架桥机纵移或横移轨道两端，必须设置挡铁，以保证架桥机的移位安全。

21. 架桥机工作前，应调整前、中和后支腿高度，使架桥机主梁纵向坡度<1.5%。

22. 架桥机纵向行走轨道的铺设纵坡<3%，不满足时应调整至此要求。

23. 架桥机在下坡工作状态下，纵行轨道的纵坡>1%-3%时，必须用卷扬机将架桥机牵引保护，以防止溜车下滑。

电动葫芦安全操作规程

1. 起吊前应检查设备的机械部分，钢丝绳、吊钩、限位器等应完好，检查电器部分应无漏电，接地装置应良好。每次吊重物时,在吊离地面10厘米应停车检查制动情况,确认完好后方可进行工作。露天作业应设置防雨棚。

2. 不准超载起吊,起吊时手不准握在绳索与物体之间,吊物上升时,严防冲撞。

3. 起吊物体要捆扎牢固,并保持重心不偏移。吊重行走时,重物离地不要太高,严禁重物从人头上越过,工作间隙不得将重物悬在空中。

4. 电动葫芦在起吊过程中发生异味,高温应立即停车检查,找出原因,处理后方可继续工作。

5. 电动葫芦钢丝绳在卷筒上要缠绕整齐,当吊钩放在最低位置,预留在卷筒上的钢丝绳不得少于三圈。

6. 使用悬挂电缆电气开关启动,绝缘必须良好,滑动必须自如,并正确操作电钮和注意人员站立位置。

7. 在起吊中,由于故障造成重物下滑时,必须采取紧急措施,向无人处下放重物。

8. 起吊重物必须做到垂直起升,不许斜拉重物,禁止起吊物重量不清的物料。

9. 在工作完毕后,电动葫芦应停在指定位置,吊钩升起,并切断电源。

卷扬机安全操作规程

一、作业前准备

1. 安装时,基座必须平稳牢固,设置可靠的地锚并应搭设工作棚。操作人员的位置应能看清指挥人员和拖动或起吊的物体。

2. 作业前检查卷扬机与地面固定情况，防护措施，电气线路，接地线，制动装置和钢丝绳等全部合格后方可使用。

3. 使用皮带和开式齿轮传动的部分，均须设防护罩，导向滑轮不得用开口拉板式滑轮。

4. 以动力正反转的卷扬机，卷筒旋转方向应和操纵开关上指示的方向一致。

5. 从卷筒中心线到第一个导向滑轮的距离，带槽卷筒应大于卷筒宽度的15倍，无槽卷筒应大于20倍，当钢丝绳在卷筒中间位置时，滑轮的位置应与卷筒轴心垂直。

6. 卷扬机自动操纵杆的行程范围内不得有障碍物。

二、作业中注意事项

1. 卷筒上的钢丝绳应排列整齐，如发现重叠和斜绕时，应停机重新排列。严禁在转动中用手、脚拉踩钢丝绳。卷筒上钢丝绳至少应保留三圈。

2. 钢丝绳不许打结、扭绕，在一个节距内断线超过10%时，应予更换。

3. 作业中，任何人不得跨越钢丝绳，物体（物件）提升后，操作人员不得离开卷扬机。休息时物件或吊笼应降至地面。

4. 作业中，司机、信号要同吊起物保持良好的能见度，司机与信号员应密切配合，服从信号统一指挥。

5. 作业中如遇停电，应切断电源，将提升物降至地面。

三、作业完后注意事项

1. 作业完毕，应断开电源，锁好开关箱。

2. 提升吊笼或物件应降至地面，清整场地障碍物。

砂浆搅拌机安全操作规程

1. 搅拌机本身必须安装平稳牢固。

2. 工作前应检查离合器和制动器是否灵活可靠，钢丝绳是否齐全可靠，并进行试运转；如搅拌筒转动平稳、不跑偏、料斗上下和出料门转动灵活、料斗下凸轮机构正常，方可进行工作。

3. 禁止超负荷使用；机械运转中禁止用手或其他物件伸入搅拌筒内去拨弄、清洗、做修理等工作。

4. 进料斗升起时，严禁任何人在料斗下通过或停留，如必须在料斗下检修时，应停机切断电源，并将进料斗用保险链挂牢后方准进行。

5. 进料斗应缓慢放下，以免下落速度太快，损坏机件或发生故障。进料斗未停稳前，不得进料。

6. 当搅拌机满负荷运转中突然停电或发生故障时，应用人力将拌和筒内存料清出，然后进行检查或修理。不允许满负荷启动搅拌机，以防启动时电流过大而损坏电动机。

7. 操作人员如必须进入和筒内进行清洗或检修，应严格控制电源，以防发生意外事故。

8. 在开车清洗时，禁止操作人员爬到进料斗上，防止脚碰联合器后，使进料斗提升伤人。

蛙式打夯机安全操作规程

1. 使用前，对机械各部件都必须认真检查，连接螺栓必须紧固，电动机、电缆、各种电气以及接地线等均不能有漏电和连接不良等现象，并调整好三角带的松紧度，然后启动电机进行试运转。

2. 在试运转中，要监听和观察机械的声响，三角皮带是否跳动，转动轴、夯头架动臂和偏心块等转动时是否摇摆，如有不正常现象，须停止试运转，并重新予以调整和紧固，正常后方可操作。

3. 打夯机应由一人操作，一人拉住电缆进行辅助，须戴好绝缘手套和穿胶鞋，以防触电；助手应集中精力，跟随操作人员的后面或侧面，将电缆调整好，不得强行拉扯；当机械要穿过电缆时，应将电缆举起，禁止用手甩电缆，以防被偏心轮绞打造成事故。

4. 操作时，操作人员集中精力，注意行夯路线，双手轻轻握正手柄，两肘微弯曲，随夯机直线走，转弯时不能用力过猛，力求缓转，并注意转弯要领。转弯或打偏斜时，应握紧夯柄，用臂力转向，严禁作急转弯动作。

5. 操作中夯机的前进方向不得站人，多台机械在同一施工面上工作时应相互离开，并不得相对进行，以防碰撞。

6. 在有坡度或松软的地上打夯，需用拉绳时，人应面向打夯机，拉绳要长，不得采取背拉式前进，以防发生事故。

7. 夯头或偏心块不得打在坚硬的物体上，应注意地下建筑物，如混凝土拄基、机座、管道等物件，以免损坏机械和翻机伤人。

8. 连续工作一段时间后，应停机检查各部螺丝是否松动，三角带松紧是否适当，电机是否发热，如有故障立即排除。

9. 机械操作完毕后必须将打夯机搬至高处，以防积水侵入电机内；下班后切断电源，并采用防雨措施。

汽车一般安全技术要求

1. 严格遵守《中华人民共和国道路交通安全法》。
2. 汽车司机必须经过专业训练，经有关部门考试合格，发给执照后，方可独立驾驶车辆。实习驾驶员除持有实习驾驶证外，应有正式司机随车驾驶。严禁无证驾驶。
3. 开车前司机严禁饮酒，行驶中禁止吸烟、吃食品和闲谈。驾驶室内不准超额坐人。
4. 行车前须仔细检查车辆各部分：
(1) 转向装置是否灵敏可靠；
(2) 轮胎气压是否充足、螺帽有无松动现象；
(3) 制动器及离合器应灵敏可靠，变速杆应置于"空挡"位置；
(4) 喇叭及仪表是否灵敏、准确；
(5) 燃油及润滑油是否充足；
(6) 车门是否严密，照明及蓄电池电液是否符合规定；
(7) 冷却水是否充足；
(8) 引擎、传动部分及车架是否正常；确认无误方可行车，车辆严禁带病出车。
5. 汽车在起步、出入工厂、车间大门、倒车调头、转弯、过十字路口时要鸣号、减速、靠右行驶；通过交叉路口应"一慢、二看、三通过"；交会车时，要做到礼让三先"先让、先慢、先停"。
6. 汽车在厂区内行驶，时速不得超过 10 千米/小时；进出大门、车间、库房时速不得大于 5 千米/小时。

7. 在施工工地及车间内行驶要密切注意周围环境及人员动向，并应鸣号，低速慢行，随时作好停车准备。

8. 长途行驶，出发前必须随车带有足够的修理工具、材料及备用零件。

9. 用摇把发动引擎，必须拇指在外，五指并拢，不可以虎口握柄，要防止摇把反击或滑脱伤人。

10. 不得以明火预热化油器、油管及油箱。

11. 在车底部进行油润、检查及修理工作时应该将引擎熄火。引擎转动时不得以手接触高压线接头或风扇。

12. 发动引擎后，须先慢转一两分钟，不要突然提高转速。

13. 禁止在下坡道或高速度时踏下离合器、关闭电门或将变速杆放在"空挡"，以免引擎突然加速而严重损坏机件。

14. 禁止不踏离合器换挡，禁止在汽车行驶时把脚放在离合器踏板上。

15. 行车中，司机一方面须注意道路情况及交通标志。一方面还应注意仪表指示，同时要听察车辆各部的声响，如有异常应停车检查，不得带病行驶。

16. 途中遇到因水箱严重缺水而引起引擎温度过高时，应立即熄火，等引擎降温后再加冷水。

17. 途中停歇时，要查看行驶、转向、制动和引擎各部位的连接与紧固情况，同时清除轮胎面上嵌入的石子等物。启动前应环绕车辆仔细检查周围情况，确认安全后方可行驶。

18. 在湿滑、冰冻的路面上行车最好装上防滑链，并以较低速度行驶，禁止做快速急转弯或紧急制动。

19. 通过危险地段或狭窄便桥应先停车，并查看证实可以通过后运行。最好由有驾驶经验的人在车前 10-15 米处，面对车子以手势指挥车子缓慢行驶，并作好随时停车的准备。

20. 禁止以链条或钢丝绳拖拉无刹车、刹车不良、转向失效、无人操作的车辆。拖车行驶速度不宜过快。

21. 停车须拉手刹车。在坡道上尽量避免停车，必须停车时须以三角木或石块将轮胎塞住，防止溜车。

22. 司机不得擅自将机动车辆交给他人驾驶，学习人员驾驶，只能在平坦道路上和来往行人不多的地方、且在驾驶员监护下进行。学习人员操纵所发生的任何事故，均由指导驾驶员负责。

23. 新车及大修出厂的汽车须按规定进行走合期运转。走合期内不准拆除限速器，车速一般不得超过 30 千米，路面应平坦良好。载重量不得超过额定值的 75%，不准拖带挂车。走合期后应按规定进行保养及更换润滑油。

24. 停车后要做好保养、清洁。冬季未使用防冻液须放掉冷却水，放水后，还应启动几次，以便将积水排尽。季节更换时要作相应保养，更换润滑油，调整调节器及电瓶电液的比重。

25. 装有危险物品的车辆，不得随意停放，中途停放时应有专人看守。

载重汽车安全操作规程

1. 载重汽车操作必须遵守运输机械的一般安全技术要求。
2. 严禁超重、超长（车身前后 2 米）、超宽（车身左右 0.5 米）、超高（超出地面 4 米）装运。超长物件，在托运时，要与有关部门协商，采取相应措施后，方可起运。

3. 装载物品要捆绑稳固牢靠。防潮物品在阴雨天运输须加盖雨布。

4. 载货汽车不准搭乘无关人员。因工作必须搭乘人员时，其所在位置须稳妥，严禁客货混载。禁止攀爬在货物上、驾驶室顶上、引擎盖及挡泥板上。

5. 圆形物件应直立装运，如必须躺到装运时须采取措施，防止滚动。

6. 装载易燃品、危险品或爆炸品的车辆除必要的行车人员外，不准搭乘任何其他人员。

7. 加挂拖车时，起步要慢，要低速行驶，尽量避免紧急制动。拖车必须配备制动器。

8. 配合起重机装卸货物时，司机应离开驾驶室。

皮带输送机安全操作规程

1. 固定式输送机应按规定的安装方法安装在固定的基础上。移动式输送机正式运行前应将轮子用三角木楔住或用制动器刹住。以免工作中发生走动，有多台输送机平行作业时，机与机之间，机与其他物体之间应有一米宽的通道。

2. 输送机使用前须检查各运转部分、胶带搭扣和承载装置是否正常，防护设备是否齐全。胶带的张紧度须在启动前调整到合适的程度。

3. 皮带输送机应空载启动。等运转正常后方可入料。禁止先入料后开车。

4. 有数台输送机串联运行时，应从卸料端开始，顺序启动。全部正常运转后，方可入料。

5. 运行中出现胶带跑偏现象时,应停车调整,不得继续使用,以免磨损边缘和增加负荷。

6. 工作环境及被送物料温度不得高于50℃和低于-10℃。不得输送具有酸碱性油类和有机溶剂成分的物料。

7. 输送带上禁止行人或乘人。

8. 停车前必须先停止入料,等皮带上存料卸尽方可停车。

9. 输送机电动机必须绝缘良好。移动式输送机电缆禁止乱拉和拖动。电动机要可靠接地。

10. 皮带打滑时严禁用手去拉动皮带,以免发生事故。

洒水车安全操作规程

一、作业前的准备

1. 汽车部分,按汽车操作规程进行检查与准备。

2. 了解施工现场情况及技术要求、取水地点和水源情况。

3. 检查各连接部位有无松动,吸水软管有无断裂、漏气和堵塞。

4. 吸水点应选择在坚实、平坦的地方,便于洒水车安全停放。吸水高度不得超过洒水车吸程允许的范围。吸水时关闭出水口。

5. 洒水车需进行抽水作业,而水泵中无水时,应从加水口往泵内注入适量的清水。

二、作业与行驶的要求

1. 抽水作业时,先踏下离合器,挂上取力箱齿轮挡,慢慢加大油门,使发动机达到规定的转速,然后进行抽水作业。严禁猛轰油门。

2. 用气压操作取力箱挂挡时，要在气压处于规定的范围内挂挡，使齿轮全部啮合。

3. 喷洒作业应按要求控制水量和车速，车辆要保持匀速行驶，不得违反喷洒要求而忽快忽慢。

4. 按照喷洒要求，进行前喷、侧喷或特殊喷洒时，开、关相应的阀门。

5. 洒水车行驶在上、下坡和弯道时，不得高速行驶，并避免紧急制动。

6. 作业结束时，拆装好抽水软管，关闭五通换向阀进出口或进水阀门，减小油门，摘下取力箱齿轮档，使发动机怠速运转。

三、作业后的要求

1. 洒水车作业完毕后，若短期内停用，应放掉水罐中的存水，以卸载和防锈。

2. 当气温低于0℃时，每日作业后应将水罐、管道系统和水泵中的积水放净，以免冻坏机件。

3. 将洒水车停放在安全而不妨碍交通的地方。如长期停用，应用方木或其他刚性物体进行撑顶固定。

混凝土搅拌输送车安全操作规程

1. 混凝土搅拌输送车的汽车部分应执行汽车一般安全技术要求的规定。

2. 混凝土搅拌输送车的燃油、润滑油、液压油、制动液、冷却水等应添加充足，质量应符合要求。

3. 搅拌筒和滑槽的外观应无裂痕或损伤；滑槽止动器应无

松弛和损坏；搅拌筒机架缓冲件应无裂痕或损伤；搅拌叶片磨损应在正常范围内。

4. 应检查动力输出装置并确认无螺栓松动及轴承漏油等现象。

5. 启动内燃机应进行预热运转，各仪表指示值正常，制定气压达到规定值，并应低速旋转搅拌筒 3-5min，确认一切正常后，方可装料。

6. 搅拌运输时，混凝土的装载量不得超过额定容量。

7. 搅拌输送车装料前，应先将搅拌筒反转，使筒内的积水和杂物排尽。

8. 装料时，应将操纵杆放在"装料"位置，并调节搅拌筒转速，使进料顺利。

9. 运输前，排料槽应锁止在"行驶"位置，不得自由摆动。

10. 运输中，搅拌筒应低速旋转，但不得停转。运送混凝土的时间不得超过规定的时间。

11. 搅拌筒由正转变为反转时，应先将操纵手柄放在中间位置，待搅拌筒停转后，再将操纵杆手柄放至反转位置。

12. 行驶在不平路面或转弯处应降低车速至 15km/h 及以下，并暂停搅拌旋转。通过桥、洞、门等设施时，不得超过其限制高度及宽度。

13. 搅拌装置连续运转时间不宜超过 8h。

14. 水箱的水位应保持正常。冬季停车时，应将水箱和供水系统的积水放净。

15. 用于搅拌混凝土时，应在搅拌筒内先加入总需水量 2/3 的水，然后再加入骨料和水泥按出厂说明书规定的转速和时间进行搅拌。

17. 作业后，应先将内燃机熄火，然后对料槽、搅拌筒入口和托轮等处进行冲洗及清除混凝土结块。当需进入搅拌筒清除结块时，必须先取下内燃机电门钥匙，在搅拌筒外应设监护人员。

空气压缩机安全操作规程

1. 开车前应作好如下准备工作：

（1）保持油池中润滑油在标尺范围内，并检查注油器内的油量不低于刻度线值。油尺及注油器所用润滑油的牌号应符合产品说明书的规定。

（2）检查各运动部位是否灵活，各连接部位是否紧固，润滑系统是否正常，电机及电器控制设备是否安全可靠。

（3）检查防护装置及安全附件是否完好齐全。

（4）检查排气管路是否畅通。

（5）接通水源，打开各进水阀，使冷却水畅通。

2. 长期停用后首次启动前，必须盘车检查，注意有无撞击、卡住或声响异常等现象。新装机械必须按说明书规定进行试车。

3. 机械必须在无载荷状态下启动，待空载运转情况正常后，再逐步使空气压缩机进入负荷运转。

4. 正常运转后，应经常注意各种仪表读数，并随时予以调整，主要数据范围如下：

（1）润滑油压力应在 0.1-0.3MPa，任何情况下不得低于 0.1MPa。

(2) Ⅰ级排气压力为 0.18-0.2MPa，不得低于 0.16MPa；Ⅱ级排气压力为 0.8MPa，不得超过 0.84MPa。高压空气压缩机排气不得超过说明书规定值。

(3) 风冷空气压缩机排气温度低于 180℃；水冷应低于 160℃。

(4) 机体内油温不得超过 60℃。

(5) 冷却水流量应均匀，不得有间歇性流动或冒气泡现象。冷却水温度应低于 40℃。

5. 工作中还应检查下列情况：

(1) 电动机温度是否正常，各电表读数是否在规定的范围内。

(2) 各机件运行声响是否正常。

(3) 吸气阀门是否发热，阀门的声音是否正常。

(4) 各种安全防护设备是否可靠。

6. 每工作两小时，需将油水分离器、中间冷却器、后冷却器内的油水排放一次，储风桶内油水每班排放一次。

7. 空气压缩机在运转中发现下列情况时，应立即停车，查明原因，并予以排除。

(1) 润滑油中断或冷却中断。

(2) 水温突然升高或下降。

(3) 排气压力突然升高，安全阀失灵。

(4) 负荷突然超出正常值。

(5) 机械响声异常。

(6) 电动机或电器设备等出现异常。

8. 正常停车时应先卸去负荷然后关闭发动机。

9. 停车后关闭冷却水进水阀门。冬季低温时须放尽气缸套、各级冷却器、油水分离器以及贮风筒内的存水，以免发生冻裂事故。

10. 如因电源中断停车时，应使电动机恢复启动位置，以防恢复供电，由于启动控制器无动作而造成事故。

11. 以电动机为动力的空气压缩机，其电动机部分的操作须遵照电动机的有关规定执行。

12. 以内燃机为动力的空气压缩机，其动力部分的操作须遵照内燃机的有关规定执行。

13. 空气压缩机停车 10 日以上时，应向各摩擦面注以充分的润滑油。停车一个月以上作长期封存时，除放出各处油水，拆除所有进、排气阀并吹干净外，还应擦净气缸镜面、活塞顶面、曲轴表面以及所有非配合表面，并进行油封，油封后用盖盖好，以防潮气、灰尘浸入。

14. 移动式空气压缩机在每次拖行前，应仔细检查走行装置是否完好、紧固。拖行速度一般不超过 20 千米/小时。

15. 空气压缩机所设贮风筒及安全阀、压力表等安全附件必须符合铁道部有关压缩空气贮气筒安全技术的要求。

16. 空气压缩机的空气滤清器须经常清洗，保持畅通，以减少不必要的动力损失。

17. 空气压缩机若用于喷砂除锈等灰尘较大的工作时，应使机械与喷砂场地保持一定距离，并应采取相应的防尘措施。

发电机安全操作规程

1. 以柴油机为动力的发电机，其发动机部分的操作按内燃机的有关规定执行。

2. 发电机启动前必须认真检查各部分接线是否正确,各连接部分是否牢靠,电刷是否正常、压力是否符合要求,接地线是否良好。

3. 启动前将励磁变阻器的阻值放在最大位置上,断开输出开关,有离合器的发电机组应脱开离合器。先将柴油机空载启动,运转平稳后再启动发电机。

4. 发电机开始运转后,应随时注意有无机械杂音,异常振动等情况。确认正常后,调整发电机至额定转速,电压调到额定值,然后合上输出开关,向外供电。负荷应逐步增大,力求三相平衡。

5. 发电机并联运行必须满足频率相同,电压相同,相位相同,相序相同的条件才能进行。

6. 准备并联运行的发电机必须都已进入正常稳定运转。

7. 接到"准备并联"的信号后,以整部装置为准,调整柴油机转速,在同步瞬间合闸。

8. 并联运行的发电机应合理调整负荷,均衡分配各发电机的有功功率及无功功率。有功功率通过柴油机油门来调节,无功功率通过励磁来调节。

9. 运行中的发电机应密切注意发动机声音,观察各种仪表指示是否在正常范围之内。检查运转部分是否正常,发电机温升是否过高。并做好运行记录。

10. 停车时,先减负荷,将励磁变阻器回复,使电压降到最小值,然后按顺序切断开关,最后停止柴油机运转。

11. 并联运行的柴油机如因负荷下降而需停车一台,应先将需要停车的一台发电机的负荷,全部转移到继续运转的发电机上,然后按单台发电机停车的方法进行停车。如需全部停车则先将负荷切断，然后按单台发电机停机办理。

12. 移动式发电机，使用前必须将底架停放在平稳的基础上，运转时不准移动。

13. 发电机在运转时，即使未加励磁，亦应认为带有电压。禁止在旋转着的发电机引出线上工作及用手触及转子或进行清扫。运转中的发电机不得使用帆布等物遮盖。

14. 发电机经检修后必须仔细检查转子及定子槽间有无工具、材料及其他杂物，以免运转时损坏发电机。

15. 机房内一切电器设备必须可靠接地。

16. 机房内禁止堆放杂物和易燃、易爆物品，除值班人员外，未经许可禁止其他人员进入。

17. 机房内应设有必要的消防器材，发生火灾事故时应立即停止送电，关闭发电机，并用二氧化碳或四氯化碳灭火器扑救。

变压器安全操作规程

1. 运行电力变压器必须符合《变压器运行规程》中规定的各项技术要求。

2. 新装或检修后的变压器投入运行前应作下列检查：

（1）核对铭牌，查看铭牌电压等级与线路电压等级是否相符。

（2）变压器绝缘是否合格，检查时用1000或2500伏摇表，测定时间不少于1分钟，表针稳定为止。绝缘电阻每千伏不低于1兆欧，测定顺序为高压对地，低压对地。

（3）油箱有无漏油和渗油现象，油面是否在油标所指示的范围内，油表是否畅通，呼吸孔是否通气，呼吸器内硅胶是否呈蓝色。

（4）分接头开关位置是否正确，接触是否良好。

（5）瓷套管应清洁，无松动。

3. 电力变压器应定期进行外部检查。经常有人值班的变电所内的变压器每天至少检查一次，每周应有一次夜间检查。

4. 无人值班的变压器，其容量在3200千伏安以上者每10天至少检查一次，并在每次投入使用前和停用后进行检查。容量大于320千伏安，但小于3200千伏安者，每月至少检查一次，并应在每次投入使用前和停用后进行检查。

5. 大修后或所装变压器开始运行的48小时内，每班要进行两次检查。

6. 变压器在异常情况下运行时（如油温高、声音不正常、漏油等）应加强监视，增加检查次数。

7. 运行变压器应巡视和检查如下项目：

（1）声音是否正常，正常运行有均匀的"嗡嗡"声。

（2）上层油温不宜超过85℃。

（3）有无渗、漏油现象，油色及油位指示是否正常。

（4）套管是否清洁，有无破损、裂纹、放电痕迹及其他现象。

（5）防爆管膜无破裂，无漏油。

（6）瓦斯继电器窗内油面是否正常，有无瓦斯气体。

8. 变压器的允许动作方式：

（1）运行中上层油温不宜经常超过85℃，最高不得超过95℃。

（2）加在电压分接头上的电压不得超过额定值的5%。

（3）变压器可以在正常过负荷和事故过负荷情况下运行，正常过负荷可以经常使用，其允许值根据变压器的负荷曲线、冷却介质的温度以及过负荷前变压器所带的负荷，由单位主管技术人员确定。在事故情况下，许可过负荷 30% 运行两小时，但上层油温不得超过 85℃。

9. 变压器可以并列运行，但必须满足下列条件：

（1）线圈接线组别相同。

（2）电压比相等，误差不超过 0.5%。

（3）短路电压相等，误差不超出 10%。

（4）变压器容量比不大于 3∶1。

（5）相序相同。

10. 变压器第一次并联前必须作好相序校验。

11. 不带有载调压装置的变压器不允许带电倒分接头。320 千伏安以上的变压器在分接头倒换前后，应测量直流电阻，检查回路的完整性和三相电阻的均一性。

12. 变压器投入或退出运行须遵守以下程序：

（1）高低压侧都有油开关和隔离开关的变压器投入运行时，应先投入变压器两侧的所有隔离开关，然后投入高压侧的油开关，向变压器充电，再投入低压侧油开关向低压母线充电，停电时顺序相反。

（2）低压侧无油开关的变压器投入运行时，先投入高压油开关一侧的隔离开关，然后投入高压侧的油开关，向变压器充电，再投入低压侧的刀闸、空气开关等向低压母线供电。停电时顺序相反。

13. 变压器运行中发现下列异常现象后，立即上报，并准备投入备用变压器。

（1）上层油温超过85℃。

（2）外壳漏油，油面变化，油位下降。

（3）套管发生裂纹，有放电现象。

14. 变压器有下列情况时，应立即联系停电处理：

（1）变压器内部响声很大，有放电声。

（2）变压器的温度剧烈上升。

（3）漏油严重，油面下降很快。

15. 变压器发生下列严重事故，应立即停电处理。

（1）变压器防爆管喷油、喷火，变压器本身起火。

（2）变压器套管爆裂。

（3）变压器本体铁壳破裂，大量向外喷油。

16. 变压器失火时，应首先打开放油门，将油放入油池，同时用二氧化碳、四氯化碳灭火器进行灭火。变压器及周围电源全部切断后用泡沫灭火机灭火，禁止用水灭火。

17. 出现轻瓦斯信号时应对变压器检查。如由于油位降低，油枕无油时应加油。如瓦斯继电器内有气体时，应观察气体颜色及时上报，并作相应处理。

18. 运行变压器和备用变压器内的油，应按规定进行耐压试验和简化试验。

19. 备用变压器必须保持良好，准备随时投入运行。

电力电容器安全操作规程

1. 高压电容器组外露的导电部分，应有网状遮拦，进行外部巡视时，禁止将运行中电容器组的遮拦打开。

2. 任何额定电压的电容器组，禁止带电荷合闸，每次断开后重新合闸时，须在短路三分钟后（即经过放电后少许时间）方可进行。

3. 更换电容器的保险丝，应在电容器零电压时进行。故进行前，应对电容器放电。

4. 电容器组的检修工作应在全部停电后进行，先断开电源，将电容器放电接地后，才能进行工作。高压电容器应根据工作票，低压电容器可根据口头或电话命令。但应作好书面记录。

混凝土泵安全操作规程

1. 混凝土泵应安放在平整、坚实的地面上，周围不得有障碍物，在放下支腿并调整后，应使机身保持水平和稳定，轮胎应锲紧。

2. 泵送管道的敷设应符合下列要求：

（1）水平泵送管道宜直线敷设；

（2）垂直泵送管道不得直接装接在泵的输出口上，应在垂直管前端加装长度不小于 20 米的水平管，并在水平管近泵处加装逆止阀；

（3）敷设向下倾斜的管道时，应在输出口上加装一段水平管，其长度不应小于倾斜管高低差的 5 倍。当倾斜度较大时，应在坡度上端装设排气活阀；

（4）泵送管道应有支承固定，在管道和固定物之间应设置木垫作缓冲，不得直接与钢筋或模板相连，管道与管道间应连接牢靠；管道接头和卡箍应扣牢密封，不得漏浆；不得将已磨损管道装在后端高压区；

(5) 泵送管道敷设后，应进行耐压试验。

3. 砂石粒径、水泥标号及配合比应按出厂规定，满足泵机可泵性的要求。

4. 作业前应检查并确认泵机各部位螺栓紧固，防护装置齐全可靠，各部位操纵开关、调整手柄、手轮、控制杆、旋塞等均在正确位置，液压系统正常无泄漏，液压油符合规定，搅拌斗内无杂物，上方的保护格网完好无损并盖严。

5. 输送管道的管壁厚度应与泵送压力匹配，近泵处应选用优质管子。管道接头、密封圈及弯头等应完好无损。高温烈日下应采用湿麻袋或湿草袋遮盖管路，并应及时浇水降温，寒冷季节应采取保温措施。

6. 应配备清洗管、清洗用品、接球仪及有关装置。开泵前，无关人员应离开管道周围。

7. 启动后，应空载运转，观察各仪表的指示值，检查泵和搅拌装置的运转情况，确认一切正常后，方可作业。泵送前应向料斗加入10L清水和$0.3m^3$的水泥砂浆润滑泵及管道。

8. 泵送作业中，料斗中的混凝土平面应保持在搅拌轴轴线以上。料斗格网上不得堆满混凝土，应控制供料流量，及时清除超粒径的骨料及异物，不得随意移动格网。

9. 当进入料斗的混凝土有离析现象时应停泵，待搅拌均匀后再泵送。当骨料分离严重，料斗内灰浆明显不足时，应剔除部分骨料，另加砂浆重新搅拌。

10. 泵送混凝土应连续作业；当因供料中断被迫暂停时，停机时间不得超过30min。暂停时间内应每隔5-10min（冬季3-5min）作2-3个冲程反泵正泵运动，再次投料泵送前应先将投料搅拌。当停泵时间超限时，应排空管道。

11. 垂直向上泵送中断后再次泵送时，应先进行反向推送，使分配阀内混凝土吸回料斗，经搅拌后再正向泵送。

12. 泵机运转时，严禁将手或铁锹伸入料斗或用手抓握分配阀。当需在料斗或分配阀上工作时，应先关闭电动机和消除蓄能器压力。

13. 不得随意调整液压系统压力。当油温超过70℃时，应停止泵送，但仍应使搅拌叶片和风机运转，待降温后再继续运行。

14. 水箱内应贮满清水，当水质混浊并有较多砂粒时，应及时检查处理。

15. 泵送时，不得开启任何输送管道和液压管道；不得调整、修理正在运转的部件。

16. 作业中，应对泵送设备和管路进行观察，发现隐患应及时处理。对磨损超过规定的管子、卡箍、密封圈等应及时更换。

17. 应防止管道堵塞。泵送混凝土应搅拌均匀，控制好坍落度；在泵送过程中，不得中途停泵。

18. 当出现输送管堵塞时，应进行反泵运转，使混凝土返回料斗；当反泵几次仍不能消除堵塞，应在泵机卸载情况下，拆管排除堵塞。

19. 作业后，应将料斗内和管道内的混凝土全部输出，然后对泵机、料斗、管道等进行冲洗。当用压缩空气冲洗管道时，进气阀不应立即开大，只有当混凝土顺利排出时，方可将进气阀开至最大。在管道出口端前方10米内严禁站人，并应用金属网篮等收集冲出的清洗球和砂石粒。对凝固的混凝土，应采用刮刀清除。

20、作业后,应将两侧活塞转到清洗室位置,并涂上润滑油。各部位操纵开关、调整手柄、手轮、控制杆、旋塞等均应复位。液压系统应卸载。

混凝土泵车安全操作规程

1. 构成混凝土泵车的汽车底盘、内燃机、空气压缩机、水泵、液压装置等的使用,应执行汽车的一般规定及混凝土泵的有关规定。

2. 泵车就位地点应平坦坚实,周围无障碍物,上空无高压输电线。泵车不得停放在斜坡上。

3. 泵车就位后,应支起支腿并保持机身的水平和稳定。当用布料杆送料时,机身倾斜度不得大于3°。

4. 就位后,泵车应打开停车灯,避免碰撞。

5. 作业前检查项目应符合下列要求:

(1) 燃油、润滑油、液压油、水箱添加充足,轮胎气压符合规定,照明和信号指示灯齐全良好;

(2) 液压系统工作正常,管道无泄漏;清洗水泵及设备齐全良好;

(3) 搅拌斗内无杂物,料斗上保护格网完好并盖严;

(4) 输送管路连接牢固,密封良好。

6. 布料管所用配管和软管应按出厂说明书的规定选用,不得使用超过规定直径的配管,装接的软管应拴上防脱安全带。

7. 伸展布料杆应按出厂说明书的顺序进行,布料杆升离支架后方可回转。严禁用布料杆起吊或拖拉物件。

8. 当布料杆处于全伸状态时,不得移动车身。作业中需要移动车身时,应将上段布料杆折叠固定,移动速度不得超过10km/h。

9. 不得在地面上拖拉布料杆前端软管;严禁延长布料配管和布料杆。当风力在六级及以上时,不得使用布料杆输送混凝土。

10. 泵送管道的敷设,应按本规程混凝土泵中的第二条的规定执行。

11. 泵送前,当液压油温度低于15℃时,应采用延长空运转时间的方法提高油温。

12. 泵送时应检查泵和搅拌装置的运转情况,监视各仪表和指示灯,发现异常,应及时停机处理。

13. 料斗中混凝土面应保持在搅拌轴中心线以上。

14. 泵送混凝土应连续作业。当因供料中断被迫暂停时,应按本规程混凝土泵中的第十条的要求执行。

15. 作业中,不得取下料斗上的格网,并应及时清除不合格的骨料或杂物。

16. 泵送中发现压力表上升到最高值,运转声音发生变化时,应立即停止泵送,并应采用反向运转方法排除管道堵塞;无效时,应拆管清洗。

17. 作业后,应将管道和料斗内的混凝土全部输出,然后对料斗、管道等进行冲洗。当采用压缩空气冲洗管道时,管道出口端前方10米内严禁站人。

18. 作业后,不得用压缩空气冲洗布料杆配管,布料杆的折叠收缩应按规定顺序进行。

19. 作业后,各部位操纵开关、调整手柄、手轮、控制杆、旋塞等均应复位,液压系统应卸荷,并应收回支腿,将车停放在安全地带,关闭门窗。冬季应放尽存水。

插入式振动器安全操作规程

1. 插入式振动器的电动机电源上,应安装漏电保护装置,接地或接零应安全可靠。

2. 操作人员应经过用电教育,作业时应穿戴绝缘胶鞋和绝缘手套,以免发生触电事故。

3. 电缆线应满足操作所需的长度。电缆线上不得堆压物品或让车辆挤压,严禁用电缆线拖拉或吊挂振动器。

4. 使用前,应检查各部位并确认连接牢固,旋转方向正确。无软轴防逆装置的振动器在装接软轴时,先要注意电机的旋转方向,然后装接。软轴的方向应能是软轴股线绕紧。否则启动后会扭乱股线,损坏软轴。

5. 长期闲置的振动器起用时必须测试电动机的绝缘电阻。如果电阻值低于 $0.5M\Omega$,则须进行干燥处理。然后须检查电动机、振动棒、软轴和导线的外表及连接部分,看其有无坏裂痕迹、棒壳连接和电动机上的螺栓是否紧固,动力导线的外皮有无破损和潮湿等,并安装漏电保护装置器。

6. 振动器不得在初凝的混凝土、地板、脚手架和干硬的地面上进行试振。在检修或作业间断时,应断开电源。

7. 作业时,振动棒软管的弯曲半径不得小于 500 毫米,并不得多于两个弯,操作时应将振动棒垂直自然地沉入混凝土中,插入深度不应超过棒长的 3/4,不宜触及钢筋、芯管及预埋件。不能用力硬查或斜插,避免振动棒碰撞钢筋或模板,更不能用棒体硗拨钢筋。振动器的频率很高,如果在操作中和钢筋等硬物发生碰撞,则容易振坏,甚至振裂棒壳。

8. 振动棒软管不得出现断裂，当软管使用过久使长度增长时，应及时修复或更换。

9. 振动器在使用时应注意棒壳，软管和接头的密封性，避免水浸入。冬季施工，如因润滑脂凝结而不易启动时，可用碳水烘烤振动棒，但不能用烈火烘烤或沸水冲烫。

10. 振动器在使用中如果温度过高，须停机降温，一般在连续工作半小时左右，停歇一段时间，冷却后再使用。

11. 工作中，最好将动力软线悬吊空中，以免受潮或拖伤表皮，发生触电事故。如果手工提动力软线，则须穿绝缘鞋和戴绝缘手套。

12. 作业停止，需移动振动器时，应先关闭电动机，再切断电源。不得用软管拖拉电动机。

13. 作业完毕，应将电动机、软管、振动棒清理干净，并应按规定进行保养作业。振动器存放时，不得堆压软管，应平直放好，并应对电动机采取防潮措施。电机受潮应烘干，电机绕组过载损坏，发生短路或短线等情况，应送电机修理部门检查。

混凝土搅拌机安全操作规程

一、作业前的检查

1. 固定式搅拌机的操纵台应使操作人员能看到各部位工作情况，仪表指示信号准确可靠，电动搅拌机的操纵台应垫上橡胶板或干燥木板。

2. 检查传动机构、工作装置、制动器等，均应紧固可靠，保证正常工作。大齿圈、皮带轮等部位，应装防护罩。

3. 骨料规格应与搅拌机的性能相符，超出许可范围则不得使用。

4. 向大齿圈、跑道等磨损、转动部位加注润滑油（脂）。

5. 空车运转，检查搅拌筒或搅拌叶的转动方向，各工作装置的操作、制动，确认正常，方可作业。

二、作业中注意事项

1. 进料时，严禁将头或手伸入料斗与机架间察看或探摸进料情况，运转中不得用手或工具等物伸入搅拌筒内扒料出料。

2. 料斗升起时，严禁在其下方工作或穿行，料坑底部要设料斗的枕垫，清理料坑时必须将料斗用链条扣牢。

3. 向搅拌筒内加料应在运转中进行；添加新料必须先将搅拌机内原有的砼全部卸出后才能进行。不得中途停机或在满载荷时启动搅拌机，反转出料者除外。

4. 作业中如发生意外或故障不能继续运转时，应立即切断电源，将筒内砼清除干净，然后进行修理。

三、作业后注意事项

1. 作业后，应对搅拌机进行全面清洗，操作人员如需进入筒内清洗时，必须切断电源，设专人在外监护，或卸下熔断器并锁好电闸箱，然后方可进入。

2. 作业后，应将料斗降落到料斗坑，如需升起，则应用链条扣牢。

3. 移动式搅拌机长期停放或使用时间超过三个月以上时，应将轮胎卸下妥善保管，轮轴端部应做好清洁和防锈工作。

4. 冬季作业后应将水泵、放水开关、量水器中的存水放尽。

附着式、平板式振动器安全操作规程

1. 附着式、平板式振动器轴承不应承受轴向力，在使用时，电动机轴应保持水平状态。

2. 在一个模板上同时使用多台附着式振动器时，各振动器的频率应保持一致，相对面的振动器应错开安装。

3. 作业前，应对附着式振动器进行检查和试振。试振不得在干硬土或硬质物体上进行。安装在搅拌站料仓上的振动器，应安置橡胶垫。

4. 安装时，振动器底板安装螺孔的位置应正确，应防止底脚螺栓安装扭斜而使机壳受损。底脚螺栓应紧固，各螺栓的紧固程度应一致。

5. 使用时，引出电缆线禁止拉得过紧，禁止断裂。作业时，应随时观察电气设备的漏电保护器和接地或接零装置并确认合格。

6. 附着式振动器安装在混凝土模板上时，每次振动时间不应超过1min，当混凝土在模内泛浆流动或成水平状即可停振，不得在混凝土初凝状态时再振。

7. 装置振动器的构件模板应坚固牢靠，其面积应与振动器额定振动面积相适应。

8. 平板式振动器作业时，应使平板与混凝土保持接触，使振波有效地振实混凝土，等表面出浆，不再下沉后，即可缓慢向前移动，移动速度应能保证混凝土振实出浆。在工作中的振动器，不得搁置在已凝或初凝的混凝土上。

混凝土切割机安全技术操作规程

1. 检查刀盘的转向，新刀盘的转向应与箭头所示方向一致。旧刀盘的旋转方向可由金刚石颗粒的磨削痕迹确定，严禁刀盘正向、反向轮流作用，注意每次启动切割机前，都应检查刀盘转向和紧度，并放下防护罩。

2. 开机前首先检查电机、电器、开关、电缆线及接线是否正常，是否符合安全要求，并安装漏电保护器。

3. 操作人员应穿绝缘鞋和戴绝缘手套。

4. 切割过程中，进刀、退刀要缓慢，切割推进要均匀，不能用刀盘单边切割，以防止刀盘变形和损坏。同时应注意水箱水位，当水位下降至水箱高度一半以下时，要及时补充水，严禁无冷却水切割，冷却水应对准刀口和切缝，喷射要均匀。

混凝土抹光机安全技术操作规程

1. 使用前应检查电机、电器开关，电缆线和接线是否正常，是否符合规定，并安装漏电保护器。

2. 使用前应检查和清理抹盘上的杂物，以避免使用时整机跳动。

3. 接通电源后应进行试运转，叶片按顺时针方向旋转，不得反转。

4. 操作人员应穿绝缘鞋，戴绝缘手套，电缆线有辅助人员提拿，辅助人员也应穿绝缘鞋和戴绝缘手套。注意防止电缆线绝缘层被擦破而发生触电事故。

5. 抹光机发生故障，必须停机切断电源后才能检修。

6. 抹光机应存放在干燥、清洁和没有腐蚀性气体的环境中，手柄放在规定的位置，转移时不得野蛮装卸。

混凝土真空吸水泵
安全技术操作规程

1. 开机前应首先检查电机、电器开关、电缆及接线是否符合安全要求，特别注意电缆零线接地是否良好，安装漏电保护器，严防漏电事故发生。

2. 开动电机检查转向，应与电机风扇罩壳上的箭头指示方向一致。注意防止电缆的绝缘层破损。

3. 真空泵禁止在出水量很少的情况下长时间运转，禁止在到达极限真空度（气浊情况）下长时间运转，以免影响使用寿命。

4. 作好维护保养工作。工作结束后应清洗水箱，去除泥沙，放尽余水，并及时冲洗底垫和盖垫。

5. 经常检查真空泵过滤网，发现破损应及时更换。

泥浆泵安全操作规程

1. 泵必须安装在稳固的基础架或地基上，不应有松动。

2. 启动前要检查：各连接部位要紧固；电动旋转方向应正确；离合器灵活可靠；管路连接牢固，密封可靠，底阀灵活有效。

3. 启动前，吸水管、底阀、泵体内必须注满引水，压力表缓冲器上端注满油。

4. 用手转动，使活塞往复两次，无阻梗且线路绝缘良好时方可空载启动，启动后，待运转正常后逐步增加载荷。

5. 运转中应注意各密封装置的密封情况，必要时加以调整。拉杆及副杆要经常涂油润滑。

6. 运转中经常测试泥浆含沙量，不得超过10%。

7. 有多档速度的泥浆泵为使飞溅润滑可靠，应在每班运转中将多档速度分别运转，时间均不少于30秒。

8. 严禁在运转中变速，需变速时应停泵换挡。

9. 运转中出现异响或水重、压力不正常或有明显高温时应停泵检查。

10. 在正常情况下应在空载时停泵。停泵时间较长时，必须全部打开放水孔，并松开缸盖，提起底阀放水杆，放尽泵体及管道中的全部泥沙。

11. 长期停用，应彻底清洗各部位泥沙、油垢，将曲轴箱内润滑油放尽，并采取防锈、防腐措施。

潜水泵安全操作规程

1. 启动前检查：水管应结扎牢固；放气、放水、注油等螺塞均应旋紧；叶轮绝缘应良好。

2. 工作电压在342-418V范围内。

3. 电泵应放在坚固的网篮内放入水中，以防乱草杂物轧住叶轮，其沉入水中最浅深度为0.5米，最深不超过3米；应直立水中，不得陷入泥中，以防因散热不良而损坏。

4. 电泵放入水中或从水中提出，须拉住扣在电泵耳环上的绳子，严禁提拉电缆。出水管以能套上电泵管接头为宜。

5. 接好电源后，先试运转，检查旋转方向是否正确。电泵在水外运转的时间不得超过 5 秒，以防过热。

6. 电泵应装设接零保护或漏电保护装置，工作时，周围 30 米以内不得有人畜进入。

7. 停转后不得立即再启动。每小时启动不得超过十次。停机后再间隔 1 秒以上才能开机。在运转中如发现声音不正常，应立即切断电源进行检查。

8. 新电泵或新换过橡胶密封圈的电泵使用 50 小时后，应旋开放水封口塞检查泄漏量（流出的水和油），如不超过 5ml 说明密封正常。若超过 5ml，应进行 196kpa（2kgf/cm^2）的气压试验。检查泄漏原因后，予以排除。以后每月检查一次，若泄漏不超过 25ml，可以继续使用。检查后必须旋开放油封口塞倒出油室内的储油，换上规定的润滑油。

9. 经过修理的油浸式潜水泵，应先进行 196kpa（2kgf/cm^2）气压试验，检查各部位无泄漏现象，然后将润滑油加入上、下壳体内。

10. 电泵使用的地点气温低于 0℃ 时，在停止运转时，应从水中提出电泵擦干后存放室内。

11. 每周应测定一次电动机定子绕组对地的绝缘电阻有无下降。

高压油泵安全操作规程

1. 油泵和千斤顶要用规定油号工作油，一般为 10 号或 20 号机械油，亦可用其他性质相近的液压用油，如变压器油等。灌入油箱的油液必须经过滤。经常使用时每月过滤一次，油箱应定期清洗。油箱内一般应保持85%左右的油位，不足时应及时补充，补充的油应与原泵中的油号相同。油箱内的油温一般应以10-40℃为宜，不宜在负温下使用。

2. 油管在工作压力下避免弯折。连接油泵和千斤顶的油箱应保持清洁，停用时用螺丝堵封，防止泥沙进入，油泵和千斤顶外露的油嘴要用螺帽封住，防止灰尘、杂物进入机内。每日用完后，应将油泵擦净，清除虑油铜丝布上的油垢。

3. 油泵不宜在超负荷下工作，安全阀须按设备额定油压调整压力，严禁任意调整。

4. 接地电源，机壳必须接地线，检查线路绝缘情况后，方可试运转。

5. 高压油泵运转前，应将各油路调节阀松开，然后开动油泵，待空负荷运转正常后，再紧闭回油阀，逐渐旋拧进油阀杆，增大负荷，并注意压力表指针是否正常。

6. 油泵停止工作时，应先将回油阀缓缓松开，待压力表慢慢回至零位后，方可卸开千斤顶的油管接头螺母。严禁在负荷时拆换油管或压力表等。

7. 配合双作用千斤顶的油泵，以采用两路同时输油的双联式油泵为宜。

8. 耐油橡胶管必须耐高压，工作压力不得高于油泵的额定油压或实际工作的最大油压。油管长度不宜小于2.5米。当一台油泵带动两台千斤顶时，油管规格应一致。

液压滑升设备安全操作规程

1. 应根据施工要求和滑模总载荷，合理选用千斤顶型号和配备台数，并应按千斤顶型号选用相应的爬杆和滑升机件。

2. 千斤顶应经 12Mpa 以上的耐压试验。同一批组装的千斤顶在相同载荷作用下，其行程应一致，用行程调整帽调整后，行程允许误差为 2 毫米。

3. 自动控制台应置于不受雨淋、曝晒和强烈振动的地方，应根据当地的气温，调节作业时的油温。

4. 固定千斤顶与操作平台时，应使油管接头与软管连接成直线。液压软管不得扭曲，应有较大的弧度。

5. 作业前，应检查并确认各油管接头连接牢固、无渗漏，油箱油位适当，电器部分不漏电，接地或接零可靠。

6. 所有千斤顶安装完毕未插入爬杆前，应逐个进行抗压试验和行程调整及排气等工作。

7. 应按出厂规定的操作程序操纵控制台，对自动控制器的时间继电器应进行延时调整。用手动控制器操作时，应与作业人员密切配合，听从统一指挥。

8. 在滑升过程中，应保证操作平台与模板的水平上升，不得倾斜，操作平台的载荷应均匀分布，并应及时调整各千斤顶的升高值，使之保持一致。

9. 在寒冷季节使用时，液压油温度不得低于 10℃；在炎热季节使用时，液压油温度不得超过 60℃。

10. 应经常保持千斤顶的清洁；混凝土沿爬杆流入千斤顶内时，应及时清理。

11. 作业后，应切断总电源，清除千斤顶上的附着物。

钢筋调直切断机安全操作规程

一、安装和试运转

1. 钢筋调直机应安装在平坦坚实的地面上。

2. 安装承重架时，承重架料槽的中心要对准导向筒、调直筒、下切刀孔或剪切齿轮槽的中心线，并保持平直。

3. 机器安装后，必须检查电气线路和零件有无损坏，机器的连接件是否可靠，各传动部分是否灵活，确认无误后方可进行试运转。

4. 先进行空机运转，检查轴承（重点检查调直筒轴承）、锤头、切刀或剪切齿轮等工作是否正常。确认无异常状况时，方可送料，试验调直和切断。

二、操作中安全注意事项

1. 按所调直钢筋直径，选用适当调直块、曳引轮槽及转动速度。调直块直径应比钢筋直径大2.5毫米，曳引轮槽宽与所调直钢筋直径相同。

2. 调直块的调整：一般调直筒内有五个调直块，第1、5两个须放在中心线上，中间三个可偏离中心线。先使钢筋偏移3毫米左右的偏移量，经过调直，如钢筋仍有弯，可逐渐加大偏移量直到调直为止。

3. 切断三、四根钢筋后须停机检查其长度是否合适。如长度有偏差，可调整限位开关或定尺板。

4. 在导向筒的前部应安装一根1米左右长的钢管。被调直的钢筋应先穿过钢管再穿入导向筒和调直筒，以防止每盘钢筋接近调直完毕时弹出伤人。

5. 在调直块未固定，防护罩未盖好前不得穿入钢筋，以防止开动机器后，调直块飞出伤人。

6. 钢筋穿入后，手与曳引轮应保持一定距离。

7. 钢筋在调直过程中，为防止由于氧化铁皮飞扬，污染环境，应采取相应的防尘措施。

钢筋切断机安全操作规程

1. 使用前必须检查刀片有无裂纹，刀片固定螺丝是否紧固。皮带轮侧面的防护栏和传动部分的防护罩是否齐全。

2. 机械未达到正常转速时，不得切料。切断时应注视刀片来往间隙，双手握紧钢筋迅速送入，并向刀片一侧稍用力压紧，不准两手分在刀片两边俯身送料。

3. 禁止切断直径超过机械铭牌规定的钢筋和烧红的钢筋。多根钢筋一次切断时必须换算钢筋截面。

4. 如切断低合金等特种钢筋，应更换高硬度刀片，同时根据机器铭牌所规定直径进行换算。

5. 切断短料时，手握一端的长度不得小于40厘米，贴近刀片的手与刀片之间至少保持15厘米以上的安全距离。切下的钢筋长度小于30厘米时，切断前必须用套管或夹具压住短头防止回弹伤人。

6. 切断较长的钢筋，应设专人协助，协助人员应与操作机器人员动作一致，并听从其指挥，不得任意拉、拽钢筋。

7. 机械运转中严禁用手直接清除刀口附近的断头和杂物。钢筋摆动范围内及刀口附近，非操作人员不准停留。

8. 发现机械运转不正常，有异声或刀片歪斜、松动、崩裂时，应立即断电停车检修。严禁对运转的机械进行检修。

9. 已切断的半成品，应码放整齐。防止切口突出划伤皮肤。

10. 工作完毕应拉闸断电，锁好开关箱，并将工作地点清扫干净，机器擦净和加注润滑油脂。

钢筋弯曲机安全操作规程

1. 机械安装必须注意机身安全接地，电源禁止直接接在按钮上，应另装铁壳开关控制电源。

2. 使用前检查机件是否齐全，所选的动齿轮是否和所弯钢筋直径机转速符合。牙轮啮合间隙是否适当。固定铁锲是否紧密牢固。以及检查转盘转向是否和倒顺开关方向一致。并按规定加注润滑油脂。检查电气设备绝缘接地线有无破损、松动。并经过试运转，认为合格方可操作。

3. 操作时应将钢筋折弯的一头放置转盘固定镢头的间隙内，另一端紧靠机身固定镢头，用一手压紧，必须注意机身镢头确实安在挡住钢筋的一侧，方可开动机器。

4. 更换转盘上的固定镢头，应在运转停止后再更换。

5. 严禁弯曲超过机械铭牌规定直径的钢筋和吊装起重索具用的吊钩。如弯曲未经冷拉或带有锈皮的钢筋，必须戴好防护镜。弯曲低合金钢等非普通钢筋时，应按机械铭牌规定换算最大限制直径。

6. 变速齿轮的安装应按下列规定：

（1）直径在18毫米以下的普通钢筋可以安装快速齿轮。

（2）直径在18-24毫米时可用中速齿轮。

（3）直径在25毫米以上必须使用慢速齿轮。

7. 转盘倒向时，必须在前一种转向停止后，方许倒转。拨动开关时必须在中间停止挡上等候停车，不得立即拨反方向挡。运转中发现卡盘颤动，电机发热超过铭牌规定，均应立即断电停车检修。

8. 弯曲钢筋的旋转半径内，和机身不设固定镦头的一测不准站人。弯曲的半成品应码放整齐，弯钩一般不得上翘。

9. 弯曲较长钢筋，应有专人帮扶钢筋，帮扶人员应按操作人员指挥手势进退，不得任意推送。

10. 工作完毕应将工作场所及机身清扫干净，缝隙中的积锈应用手动鼓风器（皮老虎）吹掉，禁止用手指抠挖。

剪板机安全操作规程

1. 禁止使用剪床剪切超长度和超厚度的材料，不得使用剪床剪切淬火的钢、高碳钢、合金工具钢、铸铁及脆性材料。

2. 按照第一节有关规定检查设备，做好开车准备工作。电动机不准带负荷启动，开车前应将离合器脱开。

3. 工作前用手扳动皮带轮转数转，观察刀片运动有关阻碍，再开空车检验正常后才能开始剪料，严禁突然启动。

4. 经常注意拉杆有无失灵现象，紧固螺钉有无松动。

5. 送料时要注意手指安全，特别是一张板料剪到末端时，不要将手指垫在板料下送料或将手指送入刃口。严禁两人在同一剪床上同时剪两件材料。剪床后不准站人、接料。

6. 刀片的刃口必须保持锐利。切薄板时，刀片必须贴紧。上下刀片需要保持平行，刀片间的间隙不得大于板料厚度的三分之一。

7. 调整和清扫工作必须停车进行。

8. 调整刀片（对刀）后，需要做用手板车的试验和开空车检验。

9. 工作台上不得放置其他物品。

卷板机安全操作规程

一、启动前准备

1. 检查各部位有无异常，紧固螺钉（帽）不得有松动。制动器应正常可靠。

2. 严格按板材厚度调整卷筒距离，不得超负荷作业。不能卷压超出机械性能规定范围的工件。

二、运转中注意事项

1. 必须在工件放平稳，位正后才能开车运转操作，并应明确信号，指定一人指挥。

2. 手不得放在被卷压的钢板上，并不准用样板进行检查，停机后方准用样板检查圆度。

3. 卷压不够整圆的工件时，滚卷到钢板末端时，要预留一定余量，以防工件掉下伤人。

4. 作业时，工件上严禁站人，也不得在已滚好的圆筒上找正圆度。

5. 滚卷较厚、直径较大的筒体或材料强度较大的工件时，应少量下降动轧辊并经多次滚卷成型。

6. 滚卷较窄的筒体时，应放在轧辊中间滚卷。

7. 工件进入轧辊后，应防止手及衣服被卷入轧辊内。

三、停机注意事项

1. 如发现机床运转有异常响声时，应立即停机检查调整修理。

2. 断开开关，切断电源。

3. 停机后将工件放置指定地点。

剪冲机安全操作规程

一、启动前准备

1. 检查各紧固件应无松动，上、下冲模孔对好，外露齿轮及传动部位不得有小铁块和杂物，夹料板运行应正常，各部位压力应保持正常和一致。

2. 空车运转无震动，无异响，无障碍时，方准开动进料机构。

3. 剪切大件工件时，事前应指定专人指挥，精力集中，协调一致。

4. 冲床上刀、对刀、卸刀、上胎具和校正冲模及松螺钉等工作均须在停机后进行。

5. 所有加工件必须在机械规定范围内。

6. 装卸工件和模具时，必须小心谨慎，脚应离开脚踏开关，严禁外人在脚踏开关周围停留。

7. 校正上下冲模胎具时，必须用手转动，无障碍方可开启机床。

二、运转中注意事项

1. 剪切窄钢板时，应采用特制扳手插进钢板边缘，使用恰当压力压住钢板，避免钢板上翘导致机损。对已剪切的钢板应及时用工具推出虎口，以免堆积过高而崩裂虎口。

2. 冲角钢孔时，应将角钢支平，采用特制扳手夹稳牢靠，以免回弹伤人或损坏冲头。

3. 必须将冲头手柄置于空挡位置后，方准更换冲头和漏盘。

4. 禁止冲剪超过剪床长度和厚度的工件，禁止冲剪高碳钢、高级合金钢、淬火钢、铸铁等超出冲剪性能范围的钢材，不允许超负荷冲剪。

5. 冲床运转时，禁止用手伸到胎具内拿取或校正工件位置，并注意防止溜车伤人。应使用钳、钩等工具在离合器分离后进行。

6. 必须正确冲剪，不准超负荷作业。

三、停机注意事项

1. 盘车时用的铁棒应及时取下。

2. 关闭电源后方准调换模具和剪刀片。

3. 每次冲剪工作完成后应将手脚及时脱离按钮或踏板，以免误操作。

4. 如发现运转不正常时应立即停机检修。

电动空气锤安全操作规程

一、启动前检查

1. 检查各受振部位无松动，锤头无裂纹，锤头砧子的楔子应顶紧。空气锤气缸润滑应良好，调整好进油量，按规定加注气缸油。

2. 工作前应提前摇动注油器20-30圈，以提前供油润滑。

3. 应清除砧子、锤头工件表面上的氧化铁皮。

4. 冬季工作前应预热锤头、砧子、锻模到60℃以上。

5. 应该对锻件几何尺寸进行检查，严禁锻打超过锻锤锤打能力的锻件。

二、工作中注意事项

1. 锻打前应先试运转1-2秒，冬季应先用手转动，然后启动，较长时间停用的锻锤启动前应先排出气缸中的积水。

2. 锻件应放在锤头中心，不准歪斜，提锤时间不超过1秒，否则会使空气锤过热。

3. 开锤者在工作中应听从掌钳者的信号，不得随意开、停机械，其他人员发出紧急停止信号时，开锤者应立即停机。

4. 夹持锻件的夹钳，须适合锻件的大小和形状，掌钳者必须夹紧锻件。

5. 掌钳者的手指不准放在钳柄之间，钳柄应置于身体右或左侧，不得正对胸腹部。

6. 锻件未达到锻造所需求的温度时；锻件放在砧子上的位置不正确或不合要求时；锻件夹持不稳时，均不准进行锻打。

7. 试锤时必须放加热锻件或木料。锤头提升不得超过规定位置，不准冷锻或锤打过烧的工件。

8. 切断工件时，切口正面严禁站人。

9. 空气锤使用日久后，若砧座下沉，使锤头行程加大，锤杆中部的安装线（红横线）露出5毫米时，应立即停止使用并进行调整，加高锤头或更换基础枕木。

10. 经常检查铁砧固定情况，不得松动歪斜。

三、停机注意事项

1. 工作中如发现机身震动，锤杆、砧子、锤头等出现裂纹时，应立即停机检修，严禁带病作业。

2. 启动或停止运转时，应将手柄置于空挡位置。

3. 工作完毕后，必须将锤头提起，并将木板垫放在砧上，再慢速落下锤头，关闭电源。

4. 停止工作时，不准用手直接接触砧面。

点焊机安全操作规程

1. 工作前必须清除油渍和污物，否则将严重降低电极的使用期限，影响焊接质量。

2. 焊机通电后，应检查电气设备、操作机构、冷却系统、气路系统及机体外壳有无漏电等现象。

3. 焊机启动前，首先接通控制线路的转换开关和焊接电流的小开关，安插好级数调节开关的闸刀位置，接通水源、气源、控制箱上各调节按钮，最后接通电源、即可进行工作。

4. 电极触头应保持光洁，必要时可用细锉刀或砂布修光。

5. 焊机的轴承铰链和气缸的活塞、衬环等应定期润滑。

6. 焊机工作时，气路系统，水冷却系统应畅通。气体必须保持干燥，不应含有水分。排水温度不应超过40℃，排水流量可根据季节调节（冬季小些，夏季大些）。

7. 焊机在气温0℃以下停止工作时，必须用压缩空气吹除冷却系统的存水，以防管路冻裂或堵塞。

8. 上电极的工作行程通过调节气缸体下面的两个螺母来实现，调节完毕，必须拧紧。

9. 电极压力可以根据焊接规范的要求，通过旋转减压阀手柄来调节。

10. 避免引燃管和硒整流器毁坏，严禁在引燃电路中加大熔断器。

11. 当负载过分小而使引燃管内电弧不能发生时，严禁闭合控制箱的引燃电路，因为此时引燃电路不能被电弧分路，而使引燃电路在闭合期间有较大电流通过容易损坏引燃管及硒整流器。

12. 控制箱的电路装置较复杂，使用时应注意保护电路设施不受触碰而损坏。冬季气温低时，闸流管、引燃管不易引燃。室内温度不应低于15℃。

13. 焊机停止工作后，必须清除杂物和焊渣溅沫。

14. 焊机停止工作，应先切断电源、气源，最后关闭水源。

15. 焊机长期停用，必须在不涂漆的活动部位涂上防锈油脂，以免零件生锈。

16. 控制箱如长期停用，为预防潮气浸入，每月应通电加热30分钟，如更换闸流管亦应预热30分钟。正常工作控制箱的预热不少于5分钟，否则容易产生逆弧或失控现象。

对焊机安全操作规程

1. 工作人员应熟知对焊机焊接工艺过程：

（1）连续闪光焊：连续闪光、顶锻，顶锻后在焊机上通电加热处理；

（2）预热闪光焊：一次闪光、烧化预热、二次闪光、顶锻。

2. 操作人员必须熟知所用机械和技术性能（如变压器级数、最大焊接截面、焊接次数、最大顶锻力、最大送料行程），和主要部件的位置及应用。

3. 操作人员应根据机械性能和焊接物选择焊接参数。

4. 焊件准备：清除钢筋端头120毫米内的铁锈、油污和灰尘。如端头弯曲则应整直或切除。

5. 对焊机应安装在室内并应有可靠的接地（或接零）。多台对焊机安装在一起时，机间距离至少保持 3 米以上。并分别接在不同的电源上。每台均应有各自的控制开关。开关箱至机身的导线应加保护套管。导线的截面应不小于规定的截面面积。

6. 操作前应对对焊机各部件进行以下检查：

（1）压力杠杆等机械部分是否灵活；

（2）各种夹具是否牢固；

（3）供电、供水是否正常。

7. 操作场所附近的易燃物应清除干净，并备有消防设备。操作人员必须戴防护镜和手套，站立的地面应垫木板或其他绝缘材料。

8. 操作人员必须正确地调整和使用焊接电流，使之与所焊接的钢筋截面相适应。严禁焊接超过规定直径的钢筋。

9. 断路器的接触点应经常用砂纸擦拭，电极应定期锉光。二次电路的全部螺丝应定期拧紧，以免发生过热现象。

10. 冷却水温度不得超过 40℃，排水量应符合规定要求。

11. 较长钢筋对焊时应放在支架上。随机配合搬运钢筋的人员应注意防止火花烫伤。搬运时，应注意焊接处烫伤。

12. 焊完的半成品应堆码整齐。

13. 闪光区内应设挡板，焊接时禁止其他人员入内。

14. 冬季焊接工作完毕后，应将焊机内的冷却水放净，以免损坏冷却系统。

电焊机（电弧焊）安全操作规程

1. 焊接设备上的电机、电器等应接地保护，并有完整的防护外壳，一两次接线柱处均有保护罩。

2. 室外使用时，应设机棚并有消防用品。

3. 电焊线通过道路时必须架高或穿入防护管埋设地下。通过铁路时，必须从轨道下面穿过。

4. 接地线及手把线绝缘应良好，不得搭在易燃易爆和带有热源的物品上，地线不得接在管道，机床设备和建筑物金属构件或铁轨口，机壳接地电阻不大于 4Ω。

5. 雨天不得露天作业，潮湿地带作业应有良好的绝缘保护。

6. 焊钳应和手把连接牢固，不得用胳膊夹持焊钳。

7. 作业时应经常注意电焊机的温度：超过 A 级 60 度、B 级 80 度时必须停机降温。

8. 交流焊机应注意初级线，不可接错，输入电压必须符合电焊机的铭牌规定，严禁接触初级线路的带电部分。

9. 直流电焊机（旋转式）使用前应确认转子的旋转方向符合焊机标志的箭头方向。

10. 严禁用摇表测试整流式焊机主变压器的初级线圈和控制变压器的初级线圈。

焊、割设备一般安全规定

一、焊接、切割前准备

1. 焊接人员应穿戴焊工服、安全帽或护目镜、绝缘鞋及鞋盖、电焊绝缘手套、口罩等，扣紧衣领和袖口。如有配合人员也应戴好有关防护用品。

2. 焊、割场地禁止存放有关易燃易爆物品，或者采取安全措施，装设相应的消防器材，严防触电、火灾、有害气体中毒等事故。

3. 在焊、割工作现场 10 米范围内，严禁堆放各种焊接设备和易燃易爆物品，如：油类、木材、氧气瓶、乙炔气瓶等。

4. 焊机存放地点应通风良好，清洁干燥，无杂物放置，应在焊机下加垫干燥木板。

5. 久未使用的电焊机，应检查绝缘电阻不得低于 $0.5M\Omega$，接线部位不得有腐蚀和受潮现象。

6. 电焊机接入电网时，应注意两者电压相符。

7. 焊机导线和接地线均禁止搭在易燃易爆和带有热源的物品上，禁止接在机械设备和管道上，及建筑物金属构件或轨道上。机壳接地应符合焊接工艺规定，接地电阻不得大于 4Ω。

8. 焊钳握柄必须用绝缘耐热材料制作，握柄与导线连接处应牢靠，并包好绝缘布。

9. 注意硅整流焊机的保护和冷却，严禁在不通风的环境下使用。

二、焊接、切割中注意事项

1. 施焊受压容器、密闭容器、油桶、管道、沾有可燃气体和溶液的工件时，应先冲洗有毒、有害、易燃、易爆物质，消除容器及管道内压力，焊接、切割密封容器应先留出气孔，必要时在进气口外装置通风设备。容器内照明电压不得超过 12V。焊工与焊件间应绝缘，容器外应设专人监护。

2. 在易燃易爆物品场所或在煤气管道附近以及受力构件上焊割时，应有消防、安技部门或煤气站到现场检查指导，压力管道应停止运行，并排尽管道内气体；受压构件上采取相应的安全措施，严防火星飞溅引起火灾或爆炸。禁止在已做油漆涂料的容器内焊接。

3. 严格按照焊机额定焊接电流和暂载率来使用，严禁过载。

4. 焊接过程中，如遇有短路现象，禁止时间过长。特别是硅整流焊机，在短路时容易烧坏。

5. 焊接铜、铝、铁、锡等有色金属时，必须要通风良好，采取防毒措施（戴防毒面罩或呼吸滤清器等）。

6. 在高空焊割和施焊稳定性差的工件时，应系上安全带，采取安全防护措施，防止高空坠落和工件倒塌；禁止将导线挂绕身上，地面应指定专人监护。

三、焊接、切割后注意事项

1. 清理工作场所，切断电源，将焊接、切割设备及工具摆放在指定地点，灭绝余火后方可离开工作场所。

2. 定期清洁、保养焊接、切割设备和工具。

气焊设备安全操作规程

一、焊、割前准备

1. 检查橡胶软管接头、氧气表、减压阀等零部件，应紧固牢靠，无泄漏。严禁油脂、泥垢沾染气焊工具、氧气瓶。

2. 严禁将氧气瓶、乙炔发生器靠近热源和电闸箱；并不得放在高压线及一切电线的下面；切勿在强阳光下暴晒；应放在工地的上风处，以免引起爆炸。四周应设围栏，悬挂"严禁烟火"标志，氧气瓶、乙炔气瓶与焊、割炬（也称焊、割枪）的间距应在10米以上，特殊情况也应采取隔离防护措施，其间距也不应少于 5 米，如果同一地点有两个以上乙炔发生器，其间距不得小于 10 米。

3. 氧气瓶应集中存放，禁止吸烟和明火作业，禁止使用无减压阀的氧气瓶。

4. 氧气瓶应配瓶嘴安全帽和两个防震胶圈。移动时，应旋上安全帽，禁止拖拉、滚动或吊运氧气瓶；禁止带油脂的手套搬运氧气瓶；转运时应用专用小车，固定牢靠，避免碰撞。

5. 氧气瓶应直立放置，设支架稳固，防止倾倒；横放时，瓶嘴应垫高。

6. 乙炔气瓶使用前，应检查防爆和防回火安全装置。

7. 按工件厚度选择适当的焊炬和焊嘴，并拧紧焊嘴应无漏气。

8. 焊、割炬装接胶管应有区别，不准互换使用，氧气管用红色软管，乙炔管用绿或黑色软管。使用新软管时，应先排除管内杂质、灰尘，使管内畅通。

9. 不得将橡胶软管放在高温管道和电线上，或将重物或高温物件压在软管上，不得将软管与电焊用的导线敷设在一起。

10. 安装减压器时，应先检查氧气瓶阀门接头不得有油脂，并略开氧气瓶阀门出气口，关闭氧气瓶阀门时，须先松开减压器的活门螺丝（不可紧闭）。

11. 检查焊（割）炬射吸性能时，先接上氧气软管，将乙炔软管和焊、割炬脱开后，即可打开乙炔阀和氧气阀，再用手指轻按焊炬上乙炔进气管接口，如手感有射吸能力，气流正常后，再接上乙炔管路。如发现氧气从乙炔接头中倒流出来，应立即修复，否则禁止使用。

12. 检查设备、焊炬、管路及接头是否漏气时，应涂抹肥皂水，观察有无气泡产生，禁止用明火试漏。

13. 焊、割嘴堵塞，可用通针疏通，禁止使用铁丝操作。

二、焊、割中注意事项

1. 开启氧气瓶阀门时，禁止用铁器敲击，应使用专用工具，动作要缓慢，禁止触碰减压器。

2. 点火前，急速开启焊、割炬阀门，用氧气吹风，检查喷嘴出口。无风时不准使用，试风时切忌对准脸部。

3. 点火时，可先把氧气调节阀适度打开后，再打开乙炔调节阀，点火后即可调整火焰大小和形状。点燃后的焊炬不能离手，关闭时应先关乙炔阀，再关氧气阀，使火焰熄灭后放下焊炬，禁止直接接触地面，严禁用烟头点火。

4. 进入容器内焊接时，点火和熄火均应在容器外进行。

5. 在焊、割储存过油类的容器时，应将容器上的孔盖完全打开，先将容器内壁用碱水清洗干净后再用压缩空气吹干，充分作好安全防护工作。

6. 氧气瓶压力指针应灵敏正常，瓶中氧气禁止用尽，必须预留余压，至少保留 0.1-0.2Mpa 的氧气，拧紧阀门，瓶阀处严禁沾染油脂，瓶壳处应注上"空瓶"标记。乙炔瓶比照规定执行。

7. 焊、割作业时，不准将橡胶软管背在背上操作，禁止用焊、割炬的火焰作照明。氧气、乙炔软管需横跨道路和轨道时，应在轨道下面穿过或吊挂过去，以免被车轮辗压损坏。

8. 焊、割嘴外套应密封性好，工作中如发现过热时，应先关乙炔阀，再关氧气阀，浸水冷却。

9. 发生回火时，应迅速关闭焊、割炬上的乙炔调节阀，再关闭氧气调节阀，可使回火很快熄灭。如紧急时（仍不熄火），可拔掉乙炔软管，再关闭一级氧气阀和乙炔阀门，并采取灭火措施。稍等后再打开氧气调节阀，吹出焊、割炬内的残留余焰和碳质微粒，进行再次作焊、割作业。

10. 如发现焊炬出现爆炸声或手感有振动现象，应快速关闭乙炔阀和氧气阀，冷却后再继续作业。

11. 进行高空焊割作业时，应使用安全带，高空作业处的下面，严禁站人或工作，以防物体下落砸伤。

三、焊割作业完毕后注意事项

1. 关闭气瓶嘴安全帽，将气瓶置放在规定地点。

2. 定期对受压容器、压力表等安全附件进行试验检查和周期检查及强制检查。

3. 短时间停止气割（焊）时，应关闭焊、割炬阀门。离开作业场所前，必须熄灭焊、割炬，关闭气门阀，排出减压器压力，放出管中余气。

4. 如发现乙炔软管在使用中脱落、破裂、失火时，应立即熄灭焊、割炬火焰，再停止供气，必要时可折弯软管以熄火。

5. 如发现氧气软管着火时，应迅速关闭氧气瓶阀门，停止供氧，但不准用折弯软管办法熄火。

6. 熄灭焊炬火焰时，应先关闭乙炔阀门，再关闭氧气阀门；熄灭割炬则应先关切割氧，再关乙炔和预热氧气阀门，然后将减压器调节螺丝拧松。

7. 在大型容器内焊、割作业未完时，严禁将焊、割炬放在容器内，防止焊、割炬的气阀和软管接头泄气，在容器内储存大量乙炔和氧气，一旦接触火种，将引起燃烧和爆炸。

木工圆锯机安全操作规程

1. 操作前应进行检查。锯片必须平整、光滑、无锈，锯齿要尖锐，并有适当的锯路，不得有连续缺齿。锯片如有裂缝时，其长度不得超过20毫米，裂缝末端应冲止裂孔，以防继续扩展。

2. 锯片上方必须安装保险挡板和滴水装置，在锯片后面，离齿10-15毫米处，必须安装弧形楔刀。锯片的安装应保持与轴同心。

3. 被锯木料的厚度，以锯片能露出木料10-20毫米为限，夹持锯片法兰盘的直径应为锯片直径的四分之一。

4. 操作人员应戴防护眼镜，站在锯片一侧，禁止站立和面对锯片旋转的离心力方向操作，手不得跨越锯片。

5. 机械启动后，应待锯片转速正常后进行锯料。进料必须紧贴"靠山"，不许将木料左右摇晃或高抬。送料不能用力过猛，遇木节要缓缓送料。

6. 锯料长度应不小于500毫米，上锯人员的手距离锯齿不得少于300毫米，接近端头时，应用推棍送料。下手应待木料推出工作台后，方可接料。接料后禁止猛拉。需要回料时，木料应离开锯片后再回送。锯下的半成品应堆放整齐，边料应集中堆放。

7. 锯短料时，一律使用推棍，不得直接使用手推。推料的速度不得太快，用力不得过猛。接料必须使用刨钩。长度不足

500毫米和超过锯片半径的木料，严禁上锯。

8. 如锯线走偏，应逐渐纠正，不得猛扳，以免损坏锯片。如被锯的木料卡住锯片时，应立即停车处理。

9. 锯片运转时间过长而温度过高时，应用水冷却；直径600毫米以上的锯片在操作中应喷水冷却。

10. 锯台要保持清洁。锯台面上的碎料必须随时清除，但严禁用手直接拣拾。清除锯末或调整部件，必须在机械停止运转后再进行。严禁机械运转时作清扫、调整工作。

11. 停车时不准用木棍、木块去按锯片，停稳后要将水擦干防止锯片生锈。

木工平面刨（手压刨）安全操作规程

1. 平刨机的安全防护装置必须齐全有效，否则禁止使用。

2. 刨料时两腿前后叉开，保持身体稳定，双手持料。刨大面时，手应按在料上面；刨小料时，可以按在料的上半部，但手指必须离开刨口50毫米以上，严禁用手在料后推送跨越刨口进行刨削。

3. 被刨木料的厚度小于30毫米，长度小于400毫米时，应用压板或压棍推送。厚度在15毫米，长度在250毫米以下的木料，不得在平刨上加工。

4. 每次刨削量不得超过1.5毫米，被刨的木料必须紧贴"靠山"，进料速度保持均匀。经过刨口时，按在料上的手用力要轻，禁止在刨刀上方回料。

5. 被刨材料长度超过2米时，必须有两人操作；料头越过刨口 200 毫米后，下手方准接料，接料后不准猛拉。

6. 被刨木料如有裂破、硬节等缺陷时，必须处理后再施刨。刨旧料前，必须将料上的钉子、杂物清除干净。遇木槎、节疤要缓慢送料。严禁将手按在节疤上送料。

7. 活动式的台面要调整切削量时，必须切断电源和停止运转，严禁在运动中进行调整，以防台面和刨刀接触造成飞刀事故。

8. 换刀片应拉闸断电。

9. 刀片和刀片螺丝的厚度、重量必须一致，刀架夹板必须平整贴紧，

合金刀片焊缝的高度不得超过刀头，刀片紧固螺丝应嵌入刀片槽内，槽端离刀背不得小于 10 毫米。紧固刀片螺丝时，用力应均匀一致，不得过紧或过松。

10. 机械运转时，不得将手伸进安全挡板里侧移动挡板。禁止拆除安全挡板进行刨削。严禁戴手套操作。

11. 木料需要调头时，必须双手持料离开刨口后再进行调头，同时注意周围环境，防止碰伤人和物。

木工压刨床（单面和多面）安全操作规程

1. 机床只准采用单向开关，不准安装倒顺双向开关，并要按顺序开动。

2. 送料和接料人员不准戴手套，并应贴着被刨料的一侧，而不能正对刨口。作业时，严禁一次刨削两块不同材质、规格的木料，被刨木料的厚度不得超过 50 毫米。送料时，手指必

须离开滚筒200毫米以外，接料人员须待被刨料走出台面后，方准接料。

3. 操作时，应按顺序连续送料，并须保持平整和垂直于刨刃。如发现材料走横或卡住，应停机降低台面拨正，再开机继续进刨。

4. 每次进刀量应为2-5毫米，如遇硬木或木节，除了减小进刀量外，还应降低进料速度。

5. 进料时，须先进大头并随时注意和防止被刨木料回弹。

6. 被刨木料长度不能短于前后压滚的中心距离；刨短料时须连续进料，如材料不走时，可用其他材料推进，禁止用手推动。刨削厚度小于10毫米的薄板时，必须垫托板方可推进压刨。

7. 小于工作台面宽度的装配式框扇一类的工件，允许在压刨上进行刨削，但必须倾斜进给，其斜度应不大于30°。同时，进给速度要慢，进刀深度要浅。

8. 刨刀与刨床台面的水平间隙应在10-30毫米之间，同一台刨机的刀片和刀片螺丝的重量、厚度必须一致，刀架夹板必须平整贴紧。合金刀片焊缝超出刀头和有裂缝的刀具不准使用。刀片紧固螺栓应嵌入刀片槽内，槽端离刀背不得小于100毫米。紧固刀片螺丝用力应均匀一致，不得过紧或过松，严禁使用带口槽的刨刀。

9. 压刨必须装有回弹灵敏的逆上爪装置，进料齿辊及托料光辊应调整水平和上下距离一致，齿辊应低于工件表面1-2毫米，光辊应高出台面0.3-0.8毫米，工作台面不得歪斜和高低不平。

10. 操作中如发现故障时，应立即切断电源，并待停止运转后进行修理。

车床安全操作规程

一、普通车床

1. 禁止戴围巾、手套,高速切削时要戴好防护眼睛。

2. 装卸卡盘极大的工、夹具时,床面要垫木板,不准开车装卸卡盘。装卸工件后应立即取下扳手。禁止用手刹车。

3. 床头、小刀架、床面不得放置工、量具或其他东西。

4. 装卸工件要牢固,夹紧时可用接长套筒,禁止用榔头敲打。滑丝的卡爪不准使用。

5. 加工细长工件要用顶针、跟刀架。车头(床头箱)前面伸出部分不得超过工件直径的20-25倍,车头(床头箱)后面伸出超过300毫米时,必须加托架。必要时装设防护栏杆。

6. 用锉刀光工件时,应右手在前,左手在后,身体离开卡盘。禁止由砂布裹在工件上砂光,应比照用锉刀的方法,成直条状压在工件上。

7. 车内孔时不准用锉刀倒角,用砂布光内孔时,不准将手指或手臂深进去打磨。

8. 加工偏心工件时,必须加平衡铁,并要紧固牢靠,刹车不要过猛。

9. 攻丝或套丝必须用工具,不准一手扶攻丝架(或拌牙架)一手开车。

10. 切大料时,应留有足够余量,卸下砸断,以免切断时料掉下伤人。

小料切断时,不准徒手接送。

二、大型车床

1. 必须遵守机床一般安全技术操作规程。

2. 装卸工件要与行吊司机配合好,动作要协调,以防工件装卸不当发生事故。装卸及测量时要停车并切断电源。

3. 开车时人要站在安全位置,工作场地要清洁畅通。

4. 在使用中心架、托架滚及顶尖时,必须经常检查与工件接触面的润滑情况。

5. 床身溜板及刀架快速移动时必须在离极限位置前100毫米处停止,以防止与尾座相撞。

三、立式车床

1. 操作前,先检查保险装置和防护装置是否灵活好用,妨碍转动的物料要清除。工具、量具不准放在横梁或刀架上。

2. 装卸工件、工具时要和行车司机、装吊工密切配合。

3. 工件、刀具要紧固好。所用的千斤顶、斜面垫板、垫块等应固定好,并经常检查以防松动。

4. 工件在没夹紧前,只能点动校正工件,并要注意人体与旋转体保持一定的距离。严禁站在旋转工作台上调整机床和操作按钮。非操作人员不准靠近机床。

5. 使用的扳手必须与螺帽或螺栓相符。夹紧时,用力要适当,以防滑倒。

6. 如工件外形超出卡盘,必须采取适当措施,以避免碰撞立柱、横梁或把人撞伤。

7. 对刀时必须慢速进行,自动对刀时,刀头距工件40-60毫米,即停止机动,要手摇进给。

8. 在切削过程中,刀具未退离工件前不准停车。

9. 加工偏心工件时，要加配重铁，保持卡盘平衡。

10. 登"看台"操作时要注意安全，不准将身体伸向旋转体。

11. 切削过程中禁止测量工件和变换工作台转速及方向。

12. 不准隔着回转的工件取东西或清理铁屑。

13. 发现工件松动、机床运转异常、进刀过猛时应立即停车调整。

14. 大型立车二人以上操作，必须明确主操作人负责统一指挥，互相配合。非主操作人不得下令开车。

15. 加工过程中机床不得离人。

四、自动，半自动车床

1. 必须遵守普通车床安全技术操作规程。

2. 气动卡盘所需的空气压力，不能低于规定值。

3. 装工件时，必须放正，气门夹紧后再开车。

4. 卸工件时，等卡盘停稳后，再取下工件。

5. 机床各走刀限位装置的螺丝必须拧紧，并经常检查，防止松动。夹具和刀具须安装牢靠。

6. 工作时，不得用手去触动自动装置或用手去摸机床附件和工件。

7. 装卡盘时要检查卡爪、卡盘有无缺陷。不符合安全要求严禁使用。

8. 自动车床禁止使用锉刀、刮刀、砂布等，作打光工作。

9. 工作中，必须将防护挡板挡好。发生故障、调整限位挡块、换刀、上料卸工件、清理铁屑时应停车。

10. 机床运转时不得随意离开，多机管理时（自动车床），应逐台机床巡回查看。

钻床（立钻和摇臂钻床）安全操作规程

1. 工作前对所用的钻床和工、卡具进行全面检查，确认无误后方可操作。

2. 工件夹装必须牢固可靠。钻小件时，应用工具夹持，不准徒手用钻。工作中严禁戴手套。

3. 使用自行走刀时，要选好进给速度，调整好行程限位块。手动进刀时，一般按照逐渐增压和逐渐减压原则进行，以免用力过猛造成事故。

4. 钻头上绕有长铁屑时，要停车清除。禁止用风吹，用手拉，要用刷子或铁钩清除。

5. 精绞孔时，拔取圆器和梢棒，不可用力过猛，以免手撞在刀具上。

6. 不准在旋转的刀具下，翻转、卡压或测量工件。手不准触摸旋转的刀具。

7. 使用摇臂钻床时，横臂回转范围内不准有障碍物。工作前，横臂必须卡紧。

8. 横臂和工作台上不准有浮放物件。

9. 工作结束时，将横臂降到最低位置，主轴箱靠近立柱，并且都要卡紧。

刨床安全操作规程

一、启动前准备

1. 工件必须夹牢在夹具或工作台上，夹装工件的压板不得长出工作台，在机床最大行程内不准站人。刀具不得伸出过长，应装夹牢靠。

2. 校正工件时，严禁用金属物猛敲或用刀架推顶工件。

3. 工件宽度超出单臂刨床加工宽度时，其重心对工作台重心的偏移量不应大于工作台宽度的四分之一。

4. 调整冲程应使刀具不接触工件，用手柄摇动进行全行程试验，滑枕调整后应锁紧并随时取下摇手柄，以免落下伤人。

5. 龙门刨床的床面或工件伸出过长时，应设防护栏杆，在栏杆内禁止通过行人或堆码物品。

6. 龙门刨床在刨削大工件前，应先检查工件与龙门柱、刀架间的预留空隙，并检查工件高度限位器安装是否正确牢固。

7. 龙门刨的工作台面和床面及刀架上禁止站人、存放工具和其他物品。操作人员不得跨越台面。

8. 作用于牛头刨床手柄上的力，在工作台水平移动时，不应超过8kg，上下移动时，不应超过10kg。

9. 工件装卸、翻身时应注意锐边、毛刺割手。

二、运转中注意事项

1. 在刨削行程范围内，前后不得站人，不准将头、手伸到牛头前观察切削部分和刀具，未停稳前，不准测量工件或清除切屑。

2. 吃刀量和进刀量要适当，进刀前应使刨刀缓慢接近工件。

3. 刨床必须先运转后方准吃刀或进刀，在刨削进行中欲使刨床停止运转时，应先将刨床退离工件。

4. 运转速度稳定时，滑动轴承温升不应超过60℃滚动轴承温升不应超过80℃。

5. 进行龙门刨床工作台行程调整时，必须停机，最大行程时两端余量不得少于0.45米。

6. 经常检查刀具、工件的固定情况和机床各部件的运转是否正常。

三、停机注意事项

1. 工作中如发现滑枕升温过高；换向冲击声或行程振荡声异响；或突然停车等不良状况，应立即切断电源；退出刀具，进行检查、调整、修理等。

2. 停机后，应将牛头滑枕或龙门刨工作台面、刀架回到规定位置。

金属锯床（弓形、圆盘、砂轮锯）安全操作规程

一、启动前准备

1. 调整好虎钳位置应平正、紧固可靠。

2. 控制杆手柄应放在静止或升起位置。

3. 锯割物料应在锯弓行程的中间位置。

4. 下料长度超过300毫米或原料长度超过500毫米时，应加设托架。

5. 装夹两件以上物料时，应夹紧牢靠。先空转正常后再开始锯料。

6. 检查锯条装夹时位置正确，如有歪斜应及时校正，检查锯条的松紧度，锯齿应向锯割的后面。

7. 砂轮安装应符合有关规定。

8. 锯片必须平整，锯齿尖锐锋利，不得使用有连续两个缺齿或有裂纹的锯片。

9. 砂轮锯、圆盘锯的主轴有晃动时，不得使用。

10. 进给量要适当均匀，不得突然加大进给量。

11. 切割中发现工件松动，应立即停机使刀具离开工件，重新夹紧工件。

二、运转中注意事项

1. 锯割时，要随时检查锯条是否歪斜，必要时退出进行校正。

2. 在锯割加工中，及时注意加注冷却液。

3. 锯条中途折断时，应立即切断电源，然后再进行更换，同时将物料或工件翻转180℃，重新开锯口。

4. 锯割刚开始时，应采用弱走刀，待锯至适当深度后，方准采用强走刀。

5. 锯割中，不准用手接触滑枕。操作人员不得站在和面对与砂轮或锯片旋转的离心力方向。

6. 在被锯割物件将要切断时，注意防止断料下落砸伤，切断大料时，应留有余量，卸下后砸断，切断小料时，不得徒手送接。

三、停机注意事项

1. 停机后，应断开电源，清理铁屑，清扫场地。

2. 各操作手柄应放在规定位置。

摩擦压力机安全操作规程

1. 遵守剪冲机械的一般安全技术操作规程。

2. 装模前必须检查模具闭合高度，闭合高度在允许范围内方能装模，调整好冲头上下行程，使其保持在规定的安全范围内。

3. 装置上模时，要对准模柄孔，以免滑块下落时啃坏孔缘。模板面积不宜过小，以免压塌上模孔。

4. 使用顶料时，两边拉杆长度要调整一致，不得歪斜。

5. 开车前，必须检查锤头定位装置、缓冲垫是否完好，模具紧固螺钉是否松动。

6. 开动设备的过程应先开动油泵（或先打开压缩空气阀门）然后启动摩擦轮电机。停车时则相反，应先关闭带动摩擦轮电机，再关油泵（或压缩空气阀门）。

7. 工作时应注意油泵压力或压缩空气压力是否正常。

8. 飞轮转动时不允许作机床调整或安装模具等其他工作。

9. 工作完毕后，将冲头平稳落靠，按顺序关车。

压刨、平刨机械安全操作规程

1. 机械安放应平稳，在操作前检查机械各部件及防护安全装置是否松动或失灵现象，先检查校正，机床只准采用单向开关。

2. 刀片和刀片螺丝的厚度、重量必须一致，刀架夹板必须平整贴紧，刀片紧固螺丝应嵌入刀片槽内，紧固刀片螺丝不得过松或过紧。

3. 刨料时应保持身体稳定，站在机身侧面、操作时禁止戴手套，要戴防护眼镜，操作人员衣袖要扎紧。

4. 操作时左手压住木料，右手均匀推进，禁止猛推猛拉，切勿将手指按于木料侧面，刨料时先刨大面当做标准面、然后再刨小面。刨小、薄料时必须用压板或推棍，禁止用手推进。

5. 刨旧料前，必须将料上的钉子、杂物清理干净。遇木楂、节疤要缓慢送料，严禁将手按在节疤上送料。

6. 机械运转时不得进行维修，禁止移动或拆除护手装置进行刨削。应严格按规定选用熔丝，严禁随意改用代用品。

7. 下班前清理好现场，做好防火工作，机械断电锁箱。

施工电梯安全操作规程

1. 作业前重点检查各种结构的表面情况，有无变形。连接螺栓应无松动。各部钢丝绳应固定良好。

2. 启动前检查地线，电缆应完整无损，控制器应在零位，电源接通后，电压应正常，机件无漏电，试验各限位装置，梯笼门、围护门等处的电器链锁装置应良好可靠，电器仪表应灵敏有效，经过启动，情况正常，即可进行空车升降试验，测定各传动机构和制动器的效能。

3. 电梯在每班首次载重运行时，必须从最低层上升，严禁自上而下，当梯笼升离地面1-2米时要停车试验制动器的可靠性，如发现制动器不正常，应修复后方可运行。

4. 梯笼内乘人或载物时，应使荷载均匀分布，防止偏重，严禁超负荷运行。

5. 操作人员应与指挥人员密切配合，根据指挥信号操作，作业前必须响铃示意，在电梯未切断总电源开关前，操作人员不得离开操作位置。

6. 电梯运行中如发现机械有异常情况，应立即停车检查，排除故障后方可继续使用。

7. 电梯在大雨、大雾和六级以上大风时,应停止运行,并将梯笼降到底层,切断电源。暴风雨后,应对电梯各有关安全装置进行一次检查。

8. 电梯运行到最上层和最下层时,严禁以行程限位开关自动停车代替使用按钮的正常操纵。

9. 作业完毕后将电梯笼降到底层,各操作器转到零位,切断电源,关好电源控制箱,闭锁梯笼门和围护。